AF156844

Das Shiva Samhita

Mein Dank geht an Peter Windsheimer für das Design des Titelbildes. Des Weiteren an Ariane und Michael Sauter.

Für Schäden, die durch falsches Herangehen an die Übungen an Körper, Seele und Geist entstehen könnten, übernehmen Verlag und Autor keine Haftung.

Copyright © 2014 by Christof Uiberreiter Verlag
Castrop Rauxel • Germany

Herstellung und Verlag:
BoD – Books on Demand, Norderstedt
ISBN 978-3-7357-9156-6

Alle Rechte, auch die fotomechanische Wiedergabe (einschließlich Fotokopie) oder der Speicherung auf elektronischen Systemen, vorbehalten
All rights reserved

Inhaltsangabe:

Vorwort.. 6
  I. Kapitel.. 8
    Die Existenz des Einen.................................. 8
    Meinungsverschiedenheiten.......................... 8
    Yoga, die einzige Methode der Befreiung........ 9
    Ritualismus.. 9
    Weisheit... 10
    Der Geist.. 12
    Yoga und Maya... 13
    Definition des Paramhamsa.......................... 14
    Emanation oder Entwicklung........................ 14
    Absorption oder Involution........................... 15
    Karma kleidet des Jiva mit dem Körper........ 16
  II. Kapitel.. 18
    Der Mikrokosmos.. 18
    Nervenzentren... 18
    Nerven.. 19
    Beckenbereich... 19
    Bauchregion.. 20
    Der Jivatma.. 21
  III. Kapitel... 23
    Die Yoga-Praxis – die Vayus....................... 23
    Der Guru.. 23
    Der Adhikari... 24
    Der Ort... 24
    Der Pranayama.. 25
    Dinge, auf die man verzichten muss............. 26
    Die Mittel... 26
    Die erste Stufe.. 27
    Die zweite und dritte Stufe.......................... 27
    Vayu-Siddhas... 28
    Erhöhung der Dauer.................................... 29
    Siddhas oder Vollkommenheiten................... 29
    Ghata Avasta... 29

Parichaya.. 30
Nishpatti..31
Die Körperhaltungen....................................... 32
Siddhasana.. 33
Padmasana.. 33
Ugrasana... 34
Svastikasana...34
IV. Kapitel.. 35
Yoni-Mudra..35
Das Erwachen der Kundalini............................36
Maha-Mudra.. 37
Maha-Bandha..38
Maha-Vedha..38
Khechari..39
Jalandhara.. 40
Mula Bandha...40
Viparit-Karana... 41
Uddhana-Bandha... 41
Vajrondi-Mudra... 41
Shakti-Chalan... 44
V. Kapitel.. 45
Bhoga..45
Dharma... 45
Jnana... 45
Vier Arten von Yoga... 46
Sadhaks.. 46
Die Lauen... 46
Die Mittleren..47
Die Glühenden..47
Die Eifrigsten...47
Anrufung des Schatten.....................................48
Wie er zu erwecken ist.....................................48
Raj-Yoga.. 48
Anahad-Ton.. 49
Ein Geheimnis.. 49
Verschiedene Arten von Dharana..................... 51
Die sechs Chakren.. 52
Muladhara-Chakra..52

Swadhistan-Chakra.. 54
Manipur-Chakra.. 55
Anahat-Chakra... 55
Visuddha-Chakra.. 56
Ajna-Chakra... 56
Der tausend-blättrige Lotus.. 57
Die drei heiligen Flüsse... 60
Der geheimnisvolle Mond.. 61
Der mystische Berg Kailas... 62
Der Raja-Yoga... 62
Die Rajadhiraj-Yoga... 63
Das Mantra bzw. Tantra.. 65

Vorwort:

Das „Shiva Samhita", ein alter Sanskrit-Text über Yoga eines unbekannten Autors, ist eines der drei wichtigsten überlebenden klassischen Abhandlungen – nicht über den Hatha-Yoga –, sondern es beschreibt die tantrische Erweckung der Kundalini. Die beiden anderen Schriften sind das „Gheranda Samhita" und das „Hatha Yoga Pradipika", welche auch zum Teil in das tantrische System der Übung eintauchen, jedoch die „Shiva Samhita" hat ihren Ursprung rein in der Tantrik und ist somit ein hermetisch-indisches Grundlagenwerk. Der Text wird von der Hindu-Gottheit Shiva in einem Gespräch seiner Gemahlin Parvati mitgeteilt, was unter anderem auf diese Form der Tantra-Shastras (Schriften) hindeutet. Das „Shiva Samhita" gilt als die umfassendste und stufenförmigste Abhandlung über Yoga. **Sämtlich nachfolgende Werke über Yoga stützen sich auf dieses Buch, obwohl die wenigsten Autoren dies erwähnen!**
Das „Shiva Samhita" spricht über den komplexen Aufbau des Yoga, von 84 verschiedenen Asanas (von denen nur **vier** genauer und hermetisch richtig beschrieben werden), beschreibt fünf spezifische Arten von Prana – welche den 5 Tattwas unterstehen – und liefert Techniken, um sie zu beherrschen. Es befasst sich auch mit der abstrakten Yoga-Philosophie, mit Mudras, tantrische Praktiken und Meditation. „Shiva" betont, dass auch ein „Hausmann" Yoga üben und davon profitieren kann, ganz im Sinne von Franz Bardon!

- Das erste Kapitel nennt verschiedene Methoden der Befreiung und philosophische Standpunkte.
- Das zweite Kapitel beschreibt die Nadis, das innere Feuer und die Arbeitsweise des Jiva (Geistes).
- Das dritte Kapitel beschreibt die Kräfte im Körper, die Bedeutung des Guru, die vier Stufen des Yoga, die fünf elementaren Visualisierungen und vier Asanas im Detail.
- Das vierte Kapitel befasst sich mit den Mudras, die zu yogischen Errungenschaften führen können.
- Das fünfte Kapitel ist das längste und vielfältigste; es beschreibt die Hindernisse für die Befreiung, die vier Temperamente des Schülers, die Technik des Schatten (Astralkörperaussendung), den inneren tantrischen Ton, die esoterischen Zentren und Energien

6

(wie Kundalini, Tattwas und Chakras) der sieben Lotusblüten im Körper, welche den „König der Könige" des Yoga darstellt, sowie seine umfassenden Mantra- bzw. Tantraformeln wie aim, hum usw. Wie in allen „Tantras" erklärt der Gott Shiva seiner Schöpfer-Gemahlin Shakti die Geheimnisse der Magie des Wortes und deren Gesetze. Auch trägt eine Übersetzung dieses Buches von Srischandra Basu den Titel: „The esotric Philosophy of the Tantras Shiva Sanhita", welche sich auf die Lehren der Macht des Wortes bezieht. Das Buch ist auch noch aus dem Grunde tantrisch, weil die Entwicklung in den Charkras von innen, von der Selbsterkenntnis, nach außen, über die vier Tattwas, die drei Ebenen, den Fluiden, das Akasha und das „Licht" der Gottverbundenheit geht. Hat man die vierarmige (tattwische) Gottheit, welche sich in mitten des Chakras befindet, erkannt und ist mit ihr eine Verbindung eingegangen, ist man bei den „Lotusblättern" angekommen, worauf die trantrischen Buchstaben geschrieben sind, die der Wissende durch seine Weisheit nun erkennt. Er weiß, wie er die einzelnen „Zeichen" aussprechen muss, um schöpferisch mit ihnen zu wirken.

Es wurden viele Übersetzungen vom „Shiva Samhita" vorgenommen, doch ins Deutsche wurde noch keine vollbracht. Dies veranlasste mich, das zu tun. Jedoch möchte ich gleich betonen, dass dies eine freie hermetische Übersetzung ist, die überall dort angewandt wurde, wo verständliche Erklärungen offensichtlich fehlten. Dass dieses Werk rein hermetischen Ursprunges ist, deutet einerseits sein vierpoliger Charakter an, andererseits gibt es Hinweise, die bis jetzt nur Franz Bardon in seinem „Adepten" veröffentlicht hat, sodass ich an vielen Stellen nichts hinzufügen musste. Außerdem ist es das einzige indische Buch, das die extremen Hatha-Yoga-Übungen verwirft, auf einen langsamen, moralisch-ethischen Aufstieg hinweist und die Kundalini als schöpferische göttliche Eigenschaften im Yogi beschreibt, die nur mit Hilfe von harmonischen Tattwa-Übungen errungen werden können. Somit stellt dieses eher unbekannte Werk eine wunderschöne Lotus-Blume dar, die wir hier zum Erblühen bringen wollen.

Hohenstätten

I. KAPITEL

Die Existenz des Einen

1. Die Weisheit der Gottheit allein ist ewig, sie ist ohne Anfang und Ende, es gibt keine andere wirkliche Substanz. Den Unterschied, den wir in der Welt sehen, beruht auf den Inhalt der Temperamente, und wenn letztere nicht existieren, dann ist die Weisheit allein, und nichts anderes verbleibt.

2-3. Ich, Ishvara (die Gottheit), bin der Liebhaber Meiner Schüler und Spender der geistigen Selbstständigkeit aller Geschöpfe; so wird es von der Wissenschaft des göttlichen Yoga dargelegt. In ihm werden all jene Lehren der Streitparteien verworfen, die zur falschen Erkenntnis führen. Der Yoga ist für die geistige Befreiung von Menschen, deren Geist nicht durch materielle Wünsche abgelenkt ist und sich Mir voll zuwenden kann.

Meinungsverschiedenheiten

4. Einige loben die Wahrheit, andere die Reinigung und die Askese, einige loben Vergebung, andere Gleichheit und Aufrichtigkeit.

5. Einige loben Almosen, andere loben Opfer, die zu Ehren der Vorfahren gemacht wurden; einige loben Handlungen (Karma), andere denken leidenschaftslos zu sein ist das Beste.

6. Einige Gelehrte loben die Ausführung der Aufgaben des Hausherrn, andere Kundige halten das Feueropfer als das Höchste.

7. Einige loben Mantra-Yoga, andere den Besuch der Wallfahrtsorte. Das sind die Wege, die die Menschen zur Befreiung kennen.

8. So vielfältig sind die Wege in dieser Welt, auch für jene, die von den Taten wissen, welche gut und welche böse sind; obwohl frei von Sünde, werden auch sie von der Menge der Pfade verwirrt.

9. Personen, die diese Lehren befolgen, begehen gute sowie schlechte Taten, wandern deshalb ständig in dieser materiellen Welt umher, im Kreislauf von Geburt und Tod, an diese schreckliche Notwendigkeit gebunden.

10. Andere, die Klügeren und die mit vollem Ernst mit der Erforschung der okkulten Gesetze beschäftigt sind, erklären, dass die Seelen viele, ewig und allgegenwärtig sind.

11. Andere sagen: „Nur über die Dinge kann etwas gesagt werden, die vorhanden sind, die durch die Sinne und durch nichts anderes wahr-

genommen werden: Wo ist denn der Himmel oder die Hölle." Das ist ihre feste Überzeugung.

12. Andere glauben, dass die Welt ein Strom des Bewusstseins und keine materielle Einheit ist; manche halten das Nichts für das Größte. Andere glauben an zwei Ebenen – an die Materie und den Geist.

13-14. Glaubend an verschiedene Lehren, die sie von dem höchsten Ziel abbringen, denken sie nach ihrem Verständnis und ihrer Bildung, dass dieses Universum ohne Gott ist; andere glauben, dass es einen Gott gibt, und stützen ihre Aussagen auf verschiedene unwiderlegbare Argumente, begründet in den heiligen Schriften, welche ihnen den Unterschied zwischen Seele und Gott erklären, um ihnen die Existenz Gottes begreiflich zu machen.

15-16. Diese und viele weitere „weise" Männer der verschiedensten Glaubensrichtungen werden in den Shastras (Schriften) als Lehrer beschrieben, die den menschlichen Geist in den Wahn treiben. Es ist nicht möglich, die Grundsätze jener Personen zu beschreiben, die sich dem Streit und Zank hingeben; also Menschen, die das Universum durchwandern und sich vom Weg der Befreiung entfernen.

Yoga, die einzig wahre Methode der Befreiung

17. Nach dem Studium aller religiöser Schriften und nachdem über sie nachgedacht wurde, wieder und wieder, wurde diese Yoga-Schrift verfasst, um die einzig wahre Lehre zu festigen.

18. Da durch den universellen Yoga alle Geheimnisse der vier Elemente wahrlich erlangt werden können, sollten alle Anstrengungen gemacht werden, um dieses Wissen zu erwerben. Welche Notwendigkeit können dann andere Lehren haben?

19. Diese Yoga-Schrift, die jetzt von Mir erklärt wird, ist eine sehr geheime Lehre, die nur einem Hochbeseelten enthüllt werden darf, damit der fromme Schüler Einblick in die drei Welten erhält.

Ritualismus

20. Es gibt zwei Systeme, die man in den Veden (heilige Schriften) finden kann. Karmakanda (Ritualismus) und Jnanakanda (Weisheit). Jnanakanda und Karmakanda werden wieder jeweils in zwei Teile unterteilt.

21. Die Karmakanda ist zweifach – bestehend aus Geboten und Verboten.

22. Verbotene Handlungen, wenn ausgeführt, bringen unweigerlich negative Wirkungen oder Sünden; positive Taten bewirken dagegen gute Verdienste.

23. Die Verfügungen sind dreifach – nitya (regelmäßige), naimittika (gelegentliche) und kamya (wählbare). Durch die Nichterfüllung von nitya oder den täglichen Riten häufen sich Sünden an; durch ihre Ausführung wird sozusagen kein Verdienst gewonnen. Andererseits sind die gelegentlichen und wählbaren Aufgaben, wenn getan oder unterlassen, von Wert oder Unwert.

24. Die Früchte der Handlung sind zweierlei – Himmel oder Hölle bzw. hohe oder niedere Sphären. Die Himmel sind von verschiedenen Arten und so sind auch die Höllen vielfältig – je nach dem Grad der Reife des Menschen.

25. Die guten Handlungen sind wahrlich der Himmel, und sündige Taten sind wahrlich die Hölle; die Schöpfung ist die natürliche Folge von Karma und nichts anderes.

26. Menschen genießen viele Freuden im Himmel; viele unerträgliche Schmerzen werden in der Hölle gelitten.

27. Sündige Taten führen zu Schmerzen, von guten Taten erhält man Glück. Aus Gründen des Glücks sollten die Schüler ständig gute Taten ausführen.

28. Wenn die Leiden für die negativen Handlungen durchlaufen werden, dann führt es zu bestimmten Wiedergeburten, wenn die Früchte der guten Taten ausgeschöpft wurden, dann auch, wahrlich, das Ergebnis ist das gleiche.

29. Selbst im Himmel erlebt man Schmerzen durch den Anblick des höheren Genusses, der höheren Sphären der anderen Wesen; wahrlich, es gibt keinen Zweifel daran, dass dieses ganze Universum voll Trauer ist.

30. Die Herrn des Karmas, die Richter des Saturns, haben es in zwei Teile geteilt – in gute und schlechte Handlungen; sie sind die wahren Sklavenhalter der verkörperten Seelen, denn jede Handlung wird nach seinem „Maß beurteilt"!

31. Diejenigen, die nicht die Früchte ihrer Handlungen in dieser oder der nächsten Welt zu bekommen trachten, sollten auf alle Taten verzichten, kein Auge mehr auf ihre erlangten Früchte werfen, und sollten ebenso die täglichen und gelegentlichen Früchte der Handlungen verwerfen und sich besser mit der Praxis des Yoga beschäftigen.

32. Der weise Yogi, nachdem er die Wahrheit der Werke erkannt hat, sollte auf sie verzichten lernen; er muss sowohl über Tugend als auch Laster erhaben sein; er muss mit Wissen und Weisheit des Luft-Tattwas alles beurteilen.

33. Die vedischen Texte wie: „Der Geist sollte erkannt werden"; – „Über Ihn muss man Bescheid wissen", sind die eigentlichen Retter und Geber des wahren Wissens. Sie müssen mit großer Sorgfalt studiert werden.

34. Die Intelligenz, die die Funktionen in den Pfaden der Tugend oder der Laster anregt, bin Ich. All das Universum, das bewegliche und das unbewegliche, ist von Mir, alle Dinge werden von Mir erhalten, alle sind in Mich aufgenommen (zu der Zeit von Pralaya – der großen Vernichtung am Ende des Brahma-Tages), denn es gibt nichts als den Geist, und Ich bin der Geist – es gibt nichts anderes.

35. Wie in unzähligen Tassen voller Wasser viele Spieglungen der Sonne gesehen werden können, aber die Substanz ist dieselbe; gleichermaßen gibt es unzählige Menschen wie Tassen, aber der belebende Geist, wie die Sonne, ist nur einer.

36. Wie in einem Traum die „Seele" viele Dinge durch bloßes Wollen erschafft, aber beim Erwachen alles in die eine Seele verschwindet, so ist es mit diesem Universum.

37. Wie durch Illusion ein Seil wie eine Schlange oder ein Perl-Mutter wie Silber erscheint, genauso ist es mit dem Universum, da alles vom Paramatma (dem Universal-Geistes) überlagert ist.

38. Wenn die Erkenntnis des Seils erzielt wurde, wird die fehlerhafte Vorstellung dessen, dass es eine Schlange ist, nicht erhalten bleiben; ja, durch die Erkenntnis des eigenen Selbst verschwindet, basierend auf Illusion, dieses Universum.

39. Wenn das wahre Wissen über die Perl-Mutter erhalten wird, die fehlerhafte Vorstellung dessen, dass es nicht Silber ist, so, durch die Erkenntnis des Geistes, erscheint die Welt immer nur als eine Täuschung.

40. Wenn ein Mann seine Augenlider mit dem Augenwasser aus dem Fett von Fröschen beschmiert, erscheint ihm ein Bambus wie eine Schlange; so erscheint ihm die Welt im Paramatma (Universal-Geist) aufgrund des trügerischen Pigmentes der Gewohnheit und der Phantasie.

41. Wie das Wissen der Schlange als Seil eine Täuschung ist, ebenso erscheint das Weltall durch das geistige Wissen. Durch Gelbsucht

erscheinen die weißen Augen gelb, ebenso durch die Krankheit der Unwissenheit erscheint diese Welt im Geist als ein Fehler, der sehr schwer entfernt werden kann.

42. Wenn die Krankheit entfernt wird, sieht der Patient die wahre Farbe; wenn die trügerische Unwissenheit der vier materiellen Tattwas (Elemente) zerstört wird, offenbart sich die wahre Natur des Geistes.

43. Wie ein Seil niemals eine Schlange werden kann, weder in der Vergangenheit, Gegenwart oder Zukunft; so kann der Geist, der jenseits aller Gunas (vier Temperamente) ist und nicht rein ist, nie zum Universum werden.

44. Einige weise Männer, welche in den Heiligen Schrift bewandert sind, und das Wissen des Geistes erlangten, haben erklärt, dass auch Devas wie Indra, nicht ewig sind, sondern sie unterstehen der Geburt, dem Tod und ihrer Vernichtung.

45. Wie eine Luftblase im Meer durch die Bewegung zum Wind aufsteigt, stellt sich diese vergängliche Welt aus dem Geiste dar.

46. Die Einheit besteht immer, die Vielfalt ist nicht immer vorhanden; es kommt eine Zeit, wenn das Weltall nicht mehr existiert: Zweifaches, Dreifaches und vielfältige Unterschiede ergeben sich nur durch die Illusion.

47. Was auch immer war, ist oder sein wird, entweder geformt oder formlos, kurz gesagt, alles auf der Welt ist vom Höchsten Geist überlagert.

48. Der Schöpfer schöpft die Welt aus Avidya (der Unwissenheit). Es ist aus der Unwahrheit geboren und sein Wesen ist unwirklich. Wie kann diese Welt mit einer solchen Vorgeschichte wahr sein?

Der Geist

49. All das Universum, das bewegliche oder unbewegliche, wurde von einer Über-Intelligenz erschaffen. Verzichtet auf alles andere und nehmt stattdessen Zuflucht in seiner Intelligenz.

50. Ein Glas wird innen und außen vom Raum durchdrungen, ebenso existiert inner- und außerhalb dieses ständig verändernden Universums nur ein universeller Geist.

51. Wie der Raum (Akasha) die vier vergänglichen Zustände der Elemente – Feuer, Luft, Wasser, Erde – durchdringt, sich aber nicht mit ihnen vermischt, so dass der Geist nicht eins mit diesem sich ständig verändernden Universums ist.

52. Von den Göttern bis zu diesem materiellen Universum sind alle von

einen Geist durchdrungen. Es gibt das Satchitananda (Sein-Bewusstsein-Glückseligkeit), alles durchdringend und ohne ein zweites.

53. Da der göttliche Zustand nicht durch etwas anderes erleuchtet wird, ist er daher selbsterleuchtend; und für diese Selbst-Leuchtkraft ist die eigentliche Natur des Geistes das Licht.

54. Da der Geist in seiner Natur nicht durch Raum oder Zeit begrenzt ist, deshalb ist er unendlich, alles durchdringend und eine Ganzheit.

55. Da der Geist durch seine Zusammensetzung der Elemente im Gegensatz zu dieser Welt, die von fünf Tattwas (Elemente) der Materie zusammengesetzt ist, die den Ebenen gemäß „verdreht" sind und der Zerstörung unterliegen, ist er daher ewig und unsterblich. Er wird nie zerstört!

56. Es gibt keine andere Substanz; deshalb ist Akasha eins ohne zweiten, ohne sie wäre alles andere vergänglich; daher ist „Es" die wahre Existenz.

57. Da diese Welt von Unwissenheit erschaffen wurde, bedeutet die Zerstörung der Trauer die Gewinnung von Glück, wodurch Weisheit und Immunität von allem Leid erfolgt; deshalb ist der Geist die höchste Wonne.

58. Da durch Weisheit die Unwissenheit zerstört wird, die die Ursache des Universums ist, daher ist der Geist Weisheit und diese Weisheit ist ewig.

59. Zur rechten Zeit nahm dieses vielfältige Universum seinen Ursprung, daher gibt nur es Einen, wahrlich, der ist das Selbst (Akasha), unveränderlich durch alle Zeiten. Wer ist der Eine Undenkbare?

60. Alle diese äußeren Substanzen gehen im Laufe der Zeit verloren, aber der Geist, der unzerstörbar ist, selbst durch die Macht des Schöpfer-Wortes, existiert in jeder Sekunde.

61. Weder Äther, Luft, Feuer, Wasser und Erde, noch deren Kombinationen, noch die Götter, sind vollkommen rein; nur der Geist (Akasha) allein ist es.

Yoga und Maya (Täuschung)

62. Nachdem man auf alle falschen Wünsche verzichtet und alle falschen weltlichen Ketten fallen ließ, sieht der Yogi durch das Selbst unweigerlich in seinem eigenen Geist den Universal-Geist.

63. Den Geist mit Hilfe des Selbst erkennend, bringt weiteres Glück; man vergisst das Universum und genießt durch meditative Übungen die unbeschreibliche Glückseligkeit der Gottverbundenheit in allen vier Tattwas

64. Die Illusion ist die Mutter des Universums. Von keinem anderen Prinzip

ist das Universum entstanden; wenn diese „Maya" zerstört wird, existiert die Welt nicht mehr.

65. Er, der diese Welt als Spielplatz der Maya sieht, weshalb sie für ihn unbedeutend und wertlos ist, kann keine Freude an Reichtum, Körper und Ruhm finden, noch an irgendwelchen sinnlichen Freuden.

66. Diese Welt erscheint der Menschheit in drei verschiedenen Aspekten – entweder freundlich (magnetisch), feindlich (elektrisch) oder gleichgültig (indifferent oder elektromagnetisch), wie sie sich immer in weltlichen Handlungen äußert; es gibt auch eine Unterscheidung der Materie, die entweder gut, schlecht oder gleichgültig ist.

67. Durch Spaltung wird der eine Geist ein Sohn, ein Vater, usw. Die Heiligen Schriften haben gezeigt, dass das Universum eine Laune der Maya (Illusion) ist. Der Yogi zerstört dieses phänomenale Universum durch die Realisierung ihres Seins; aber das Ergebnis der Überlagerung zweier Welten wird mittels der Widerlegung eines falschen Glaubens erreicht.

Definition des Paramahamsa (Schöpfergott)

68. Wenn eine Person frei ist von den unendlichen Unterschieden und Zuständen der Existenz als Kaste, Individualität, Temperament etc., dann kann sie sagen, dass der Schöpfer eine unteilbar Intelligenz und eine reine Einheit ist.

Emanation oder Entwicklung

69. Der Herr wollte seine Geschöpfe erschaffen; von Seinem Willen kam die Unwissenheit, die Mutter des täuschenden Universums.

70. Es erfolgte die Verbindung zwischen dem reinen Brahma (Schöpfer) und der Unwissenheit, welche beide aus dem Akasha hervorgegangen sind.

71. Vom Akasha ging die Luft aus, aus der Luft kam das Feuer, vom Feuer das Wasser und aus dem Wasser kam die Erde. Das ist die Reihenfolge der subtilen Emanation (Schöpfung).

72. Vom Äther, Luft; aus der Luft und dem Äther ging kombiniert das Feuer hervor; von der dreifachen Verbindung von Äther, Luft und Feuer kam das Wasser; aus der Kombination von Äther, Luft, Feuer und Wasser wurde die grobstoffliche Erde geschaffen.

73. In der Ur-Elemente-Ebene ist die Qualität des Äthers der Klang, von Luft Bewegung und Berührung. Die Form ist die Qualität von Feuer, und

der Geschmack des Wassers; und der Geruch ist die Qualität der Erde. Das ist wahrlich so.

74. Akasha hat eine Qualität, Luft zwei, drei Feuer, Wasser vier und Erde fünf Qualitäten, nämlich Ton, Berührung, Geschmack, Form und Geruch. Dies wurde von den Meistern so erklärt.

75-76. Form wird durch die Augen wahrgenommen, Geruch durch die Nase, schmecken durch die Zunge, durch die Haut Berührung und durch das Ohr die Töne. Das sind wahrlich die Organe der Wahrnehmung.

77. Von göttlicher Intelligenz wurde das gesamte Universum erschaffen, alles bewegliche und unbewegliche; ob seine Existenz abgeleitet werden kann oder nicht, dennoch existiert der „Allweise" Eine.

Absorption oder Involution

78. Die Erde wird subtil und kann in Wasser gelöst werden; Wasser wird in Feuer aufgelöst, Feuer geht in die Luft; Luft geht in den Äther auf und Äther geht in die große Unwissenheit über, welcher auch der Große Brahman (Akasha) genannt wird.

79. Es gibt zwei Kräfte – Viksepa (die ausgehende Energie) und Avarana (die umwandelnde Energie), welche von großer Potenz und Macht ist und deren Gestalt Seligkeit bringt. Die große Maya, wenn nicht-intelligent und materiell, hat drei Attribute: Sattva (Rhythmus/Reinheit-Luft) Rajas (Energie-Feuer) und Tamas (Trägheit-Wasser).

80. Die nicht-intelligente Form der Maya vernebelt alles durch die Avarana Kraft (Verschleierung–das Negative) und manifestiert sich selbst als das Universum, aufgrund der positiven Natur der Viksepa-Kraft.

81. Wenn die Avidya (Unwissenheit) einen Überschuss von Tamas hat, dann manifestiert sie sich als Göttin Durga: Die Intelligenz, die den Vorsitz über sie hat, wird als Ishvara (Shiva) bezeichnet. Wenn die Avidya einen Überschuss von Sattva hat, manifestiert sie sich als die schöne Lakshmi; die Intelligenz, die über ihr den Vorsitz hat, wird als Vishnu bezeichnet.

82. Wenn die Avidya einen Überschuss von Rajas hat, manifestiert sie sich als kluge Saraswati; die Intelligenz, die sie leitet, ist als Brahma bekannt.

83. Götter wie Shiva, Brahma, Vishnu etc., sind alle ein und derselbe große Geist; alle Körper und materiellen Objekte sind die verschiedenen Produkte von Avidya (Maya).

84. Die Weisen haben die Erschaffung der Welt so erklärt: Aus den feinen Tattwas (Elemente) wurden die stofflichen Tattwas nacheinander erzeugt –

nicht anders.

85. Alle Dinge sind begrenzte Gegenstände (mit Qualitäten und Quantitäten ausgestattet), und es treten verschiedene Unterscheidungen lediglich durch Worte und Namen auf; aber im Grunde gibt es keinen wirklichen Unterschied.

86. Daher existieren die Dinge nicht; das große und herrliche Eine, die sie manifestiert hat, existiert allein, denn die „Dinge" sind falsch und unwirklich, dennoch, wie eine Spiegelung des Realen, scheinen sie zur Zeit real zu sein.

87. Die eine Einheit, glückselig, vollständig und alles durchdringend, ist allein existent, und nichts anders; er, der das Wissen von Tod und Leid des Welten-Rad realisiert hat, kann Befreiung erlangen.

88. Wenn durch die Erkenntnis, dass alles eine illusorische Wahrnehmung (aropa) ist und geistig durch andere Lehren belegt werden kann, dass dieses Universum in das Eine übergeht, dann gibt es nur das Eine und kein anders; dies kann alles eindeutig durch den Geist wahrgenommen werden.

Karma kleidet den Jiva mit dem Körper

89. Von der Annamiya Kosa (physisches Fahrzeug) des Vaters und in Übereinstimmung mit ihrem vergangenen Karma, wird der menschliche Geist wiederinkarniert; daher betrachten die Weisen diesen schönen Körper als Strafe für die Leiden der Auswirkungen des vergangenen Karmas.

90. Dieser Tempel – der menschliche Körper – des Leidens und der Freude, der aus Fleisch, Knochen, Nerven, Knochenmark, Blut und mit Blutgefäßen usw. durchzogen ist, dient nur dem Leiden und der Trauer.

91. Dieser Körper, die Wohnstätte des Brahma, aus fünf Elementen zusammengesetzt und wie Brahmanada (das Ei des Brahma oder der Mikrokosmos) wurde für den Genuss von Freude oder dem Leid der Schmerzen erschaffen.

92. Von der Paarung des Geistes – welcher Shiva ist – und der Materie – durch Shakti vertreten – und durch ihre zusammenhängende Wechselwirkung (Seele) aufeinander, wurden alle Geschöpfe geboren.

93. Vom der fünffachen Kombination aller subtilen Elemente in diesem Universum, sind alle unzähligen grobstofflichen Objekte erschaffen worden. Die Intelligenz, die in ihnen durch Karma eingeschlossen ist, heißt Jiva. Die gesamte Welt ist von den fünf Elementen abgeleitet worden. Der Jiva ist der Genießer der Früchte der Taten.

94. In Übereinstimmung mit den Auswirkungen des vergangenen Karmas vom Jiva, reguliere Ich alle Schicksale. Der Jiva (Geist) ist unstofflich und ist in allen Dingen, aber er tritt in den materiellen Körper ein, um die Früchte des Karma zu genießen.

95. Durch ihr Karma sind alle Geschöpfe an die Kette der Materie gebunden; die Jivas erhalten verschiedene Namen, um in diese Welt, in der sie immer wieder kehren, die Folgen ihrer Taten auszugleichen.

96. Wenn die Früchte des Karma ausgeglichen wurden, befindet sich der Jiva im magischen Gleichgewicht; er kann in den Parambrahma, in seiner Gottheit aufgenommen werden.

KAPITEL II

Der Mikrokosmos

1. In diesem Körper, der Berg Meru – d. h. die Wirbelsäule bzw. der Akasha-Kanal – wird von sieben Inseln (Chakras, Lotusse, Räder, Zentren) umgeben; es gibt Flüsse, Meere, Berge, Felder und ebenso Herren der Felder.

2. Es gibt in ihm Seher, Weise und Genien; auch alle Sterne und Planeten spiegeln sich darin. Es gibt heilige Pilgerfahrten, Schreine und deren vorsitzende Gottheiten.

3. Die Sonne (elektrisches Fluid) und der Mond (magnetisches Fluid), die Vermittler der Schöpfung und Zerstörung, bewegen sich in ihm. Äther, Luft, Feuer, Wasser und Erde sind auch darin enthalten.

Die Nervenzentren

4. Alle Wesen, die in den drei Welten existieren, können auch im Körper gefunden werden; den „Meru" umgebend, sind sie in ihrer jeweiligen Funktionen anzutreffen.

5. Aber die gewöhnlichen Menschen wissen es nicht. Er, der alles weiß, ist ein Yogi; es gibt keinen Zweifel daran.

6. In diesem Körper, der sogenannte Brahmanda (Mikrokosmos, buchstäblich das Welten-Ei als Symbol der Schöpfung), ist der wie der Mond leuchtende Nektar, an der richtigen Stelle, an der Oberseite des Rückenmarks, mit acht Kalas versehen (Zeiten oder Abschnitte bzw. acht Sechzehntel), in der Form eines Halbkreises.

7. Dieser hat sein Gesicht nach unten gerichtet und Tag und Nacht regnet es göttlichen Nektar. Die Ambrosia (Speise der Götter) teilt sich in zwei subtile Teile:

8. Einer von diesen, durch den Kanal namens Ida (Mond-Kanal) fließend, verteilt sich über den Körper, um ihn zu ernähren, wie das Wasser des himmlischen Ganges – dieses Ambrosia nährt den ganzen Körper durch den Kanal von Ida (magnetisches Fluid).

9. Dieser Milch-Strahl (Mond) ist auf der linken Seite. Der andere Strahl, glänzend wie die reinste Milch und Quelle der großen Freude, tritt durch den mittleren Weg (genannt Sushumna = Akahsa) in das Rückenmark, um diesen „Mond" zu erschaffen.

10. An der Unterseite des Meru befindet sich die Sonne mit zwölf Kalas (Zeiten). Im rechten Seitenpfad (Pingala = elektrisches Fluid) trägt der Herr der Geschöpfe (das Fluid) durch ihre Strahlen nach oben.
11. Allerdings schluckt es das lebenswichtige Fluide und verströmt den Strahlen-Nektar. Zusammen mit seiner Atmosphäre bewegt sich das Sonnenfluid durch den ganzen Körper.
12. Der rechte Seiten-Kanal, das Pingala-Fluid, ist eine andere Form der Sonne, und ist der Spender des Nirvana. Der Herr der Schöpfung und Zerstörung (die Sonne) bewegt sich in diesem „Schiff" durch das günstige ekliptische Stern-Zeichen – wie oben im „Himmel" so unten im Körper.

Die Nerven

13. Im Körper des Menschen gibt es 3.500.000 Nadis (Kanäle); von ihnen gibt es 14 Hauptnerven:
14-15. Sushumna, Ida, Pingala, Gandhari, Hastijihvika, Kuhu, Saraswati, Pusa, Sankhini, Payaswani, Varuni, Alumbusa, Vishwodari und Yasaswani. Unter diesen sind Ida, Pingala und Sushumna die Hauptnerven.
16. Unter diesen drei ist Sushumna allein die höchste und wird von allen Yogis geliebt. Andere Kanäle sind ihm im Körper untergeordnet.
17. Alle diese Haupt-Nadis (Schiffe/Kanäle/Gefäße) haben den Mund nach unten gerichtet und sind wie dünne Fäden vom Lotus. Sie werden alle von der Wirbelsäule unterstützt, und die drei stellen symbolisch Sonne, Mond und Feuer dar.
18. Der innerste dieser drei ist Chitra; sie ist Meine Geliebte. In ihr ist die subtilste aller Hohlräume, genannt Brahmarandhra.
19. Sie glänzt mit den fünf Tattwa-Farben, ist rein und bewegt sich in der Mitte der Sushumna; diese Chitra ist der entscheidende Teil des Körpers und das Zentrum der Sushumna.
20. In den Shastras wurde dies als der himmlische Weg bezeichnet; das ist der Spender der Freude an der Unsterblichkeit, welche durch jahrelange Meditation erlangt werden kann, in der die großen Yogis alle unausgeglichenen Sünden zerstören.

Der Beckenbereich

21. Zwei „Finger" über dem Rektum und zwei „Finger" unterhalb des Linga (Phallus) ist der Adhara-Lotus, mit einer Dimension von vier

„Fingern".

22. In der Fruchthülle des Adhara-Lotus gibt es die dreieckige schöne Yoni (Vulva), versteckt und geheim gehalten in allen Tantras (Schriften über Magie des Wortes).

23. In ihm ist die höchste Göttin Kundalini in Form von imaginativer Schöpferkraft, wie in einer Spule. Sie hat drei und eine halbe Windungen (symbolisch für 3½ Umdrehungen zur Gottverbundenheit) wie eine Schlange und liegt in der Mündung der Sushumna.

24. Ihre Eigenschaften repräsentieren die kreative Kraft der Welt, und sie ist immer mit der Schöpfung beschäftigt. Sie ist die Göttin der Rede (Tantra – Magie des Wortes), dessen schöpferische Rede nicht offenbart werden kann, und die von allen Göttern gelobt wird.

25. Die Nadi, genannt Ida, ist auf der linken Seite um die Sushumna gewickelt; sie geht durch das rechte Nasenloch.

26. Die Nadi, genannt Pingala, ist auf der rechten Seite; umwickelt die Wirbelsäule und geht durch das linke Nasenloch.

27. Die Nadi, die zwischen Ida und Pingala liegt, ist Sushumna. Sie hat sechs Stufen, Kräfte oder Lotusblüten, die den Yogis bekannt sind.

28. Die ersten fünf Stufen der Sushumna sind unter verschiedenen Namen bekannt; sie werden in diesem Buch genannt.

29. Die anderen Nadis steigen vom „Muladhar" (Erd-Elemente-Zentrum) auf, gehen zu den verschiedenen Teilen des Körpers, wie z. B. zur Zunge, Penis, Augen, Füße, Zehen, Ohren, den Bauch, die Achselhöhle, Finger der Hände, Hodensack und Anus. Nachdem sie von ihrem richtigen Platz aufgestiegen ist, stoppt sie bei ihren jeweiligen Bestimmungsort, wie oben beschrieben.

30. Von all diesen (vierzehn) Nadis, entstehen nach und nach andere Zweige und Unterzweige, so dass sie endlich zu dreihunderttausend und eine Hälfte an der Zahl werden, und versorgen ihre jeweiligen Plätze.

31. Diese Nadis sind durch den Körper quer und der Länge nach ausgerichtet, sie sind Fahrzeuge der Wahrnehmung und halten Wache über die Bewegungen der Luft, d. h. sie regulieren die motorischen Funktionen.

Die Bauchregion

32. Im Bauch brennt das Feuer – Verdauung der Nahrung – in der Mitte vom Sonnengeflecht gelegen, besitzend zwölf Kalas. Erkenne das als das Feuer der Vaiswanara (=Feuergottheit Agni); er wurde von einem Teil

Meiner eigenen Energie geboren und verdaut verschiedene Nahrung im Körperinneren der Geschöpfe.

33. Dieses Feuer erhöht die Lebensdauer, gibt Kraft und Ernährung, bringt dem Körper Energie, zerstört alle Krankheiten und gibt Gesundheit.

34. Der weise Yogi, der nach den richtigen „Riten" dieses Viswanaric-Feuer „entzündet" hat, sollte in Übereinstimmung mit den Lehren seines spirituellen Meisters für jeden Tag Nahrung opfern.

35. Dieser Körper genannt Brahmanda (Mikrokosmos) hat viele Teile, aber die wichtigsten habe Ich in diesem Buch genannt. Darüber sollte man Bescheid wissen.

36. Verschieden sind ihre Namen und es gibt unzählige Orte in diesem menschlichen Körper; von ihnen können alle hier nicht aufgezählt werden.

Der Jivatma (Der göttliche Geist)

37. In dem so beschriebenen Körper wohnt der Jiva, alles durchdringend, geschmückt mit der Girlande der endlosen Wünsche, welcher durch Karma an den Körper gefesselt ist.

38. Der Jiva besitzt vier Qualitäten entsprechend den Tattwas und stellt das Mittel aller Ereignisse dar; er genießt die Früchte seiner verschiedenen Handlungen, angehäuft durch die Verkörperungen in der Vergangenheit.

39. Was auch immer unter den Menschen gesehen wird, egal ob Freude oder Leid, wird von Karma geboren. Alle Geschöpfe genießen oder leiden, entsprechend den Ergebnissen der Maßnahmen ihres Schicksals.

40. Die Wünsche, die Freude oder Schmerz verursachen, handeln übereinstimmend mit dem Karma der Vergangenheit des Jiva (Geist).

41. Der Jiva, der einen Überschuss an guten und tugendhaften Handlungen angesammelt hat, erhält ein glückliches Leben. In dieser Welt bekommt er angenehme und gute Dinge zu genießen, ohne irgendwelche Probleme.

42. Im Verhältnis zu der Kraft seines Karmas, leidet der Mensch Elend oder genießt Vergnügen. Der Jiva, der einen Überschuss an Bösen angesammelt hat, kommt nie zur Ruhe – er ist nicht zu trennen von seinem Karma; es gibt nichts in dieser Welt, außer sein Karma. Von der Intelligenz namens Maya verschleiert, müssen sich alle Dinge entwickeln.

43. Zur richtigen Jahreszeit werden verschiedene Menschen geboren, um die Folgen ihres Karmas zu genießen; wie durch einen Fehler eine Perl-Mutter für Silber gehalten wird, so ist der Makel des eigenen Karmas ein Fehler eines Mannes, der Brahman (den höchsten Gott) mit dem

materiellen Universum verwechselt hat.

44. Der Wunsch des Entstehens aller Wahnvorstellungen kann mit großen Schwierigkeiten beseitigt werden. Wenn die wahre Erkenntnis von der Unwirklichkeit der Welt sich bildet, dann werden alle falschen Wünsche zerstört.

45. Man kann den wahren Schöpfer nicht erkennen, solange man sich zu sehr in die materielle Welt verstrickt. Es gibt keine andere Ursache dieser Täuschung. Wahrlich, wahrlich, Ich sage euch die Wahrheit.

46. Das Trugbild der geschaffenen (grobstofflichen) Welt zerfällt, sobald der Schöpfer des Universums sich zeigt. Dieses Trugbild besteht solange, bis man den Gedanken ablegt, dass es keinen Schöpfer gibt.

47. Mit einem *tiefen* Blick in die Materie verschwindet dieses falsche Wissen. Auf andere Weise kann es nicht entfernt werden; der Wahn von Silber verbleibt.

48. Solange die Erkenntnis über den unbefleckten Schöpfer des Universums nicht erlangt wird, so lange erscheinen alle Dinge geteilt und getrennt.

49. Wenn dieser Körper, durch Karma erhalten, die Mittel zur Erlangung von Nirvana (den Zustand der Gottverbundenheit) errungen hat, werden durch das Tragen der Last Früchte hervorgebracht – nichts anderes.

50. Von welcher Art der ursprüngliche Wunsch ist, diese „Schemen" halten sich fest und begleiten den Jiva durch verschiedene Inkarnationen; ähnlich ist die Täuschung, die er erleidet, übereinstimmend mit ihren Taten und Untaten.

51. Wenn der Praktiker des Yogas, den „Ozean" der Welt – die Schwelle der Astralebene zur wahren Heimat – überqueren will, sollte er alle Aufgaben bzw. Bedingungen des Lebens absolvieren, und dann erst Verzicht auf alle Früchte seiner Werke üben.

52. Personen, die sinnlichen Objekten und Wünschen der sinnlichen Freuden zugetan sind, fallen von dem Weg zur Gottverbundenheit ab; durch den Trug des zu vielen Geschwätzes folgen sündige Taten.

53. Wenn eine Person hier nichts anderes sieht, als das Selbst durch sich selbst, dann gibt es keine Sünde für ihn, auch wenn er auf alle rituellen Arbeiten verzichtet. Das ist Meine wahre Meinung!

54. Alle restlichen Wünsche werden nur durch die Weisheit aufgelöst, und nicht auf andere Art. Wenn alle minderen Tattwas und deren analogen Leidenschaften aufhören zu existieren, dann werden Meine reinen Tattwas sich offenbaren.

KAPITEL III .

Die Yoga-Praxis – Die Vayus

1. Im Herzen, dort ist ein glänzender Lotus mit zwölf Blütenblätter mit glänzenden Zeichen geschmückt. Er hat die tantrischen Buchstaben von *k* bis *th* (d.h. *k, kh, g, gh, n, ch, chh, j, jh, n, t, th*); die zwölf schöpferischen Buchstaben.

2. Das Prana (Lebenskraft) lebt dort, verziert mit verschiedenen „Begierden", begleitet von seinen vergangenen Handlungen, die keinen Anfang haben und mit Egoismus verbunden sind.

3. Von den verschiedenen Varianten des Prana empfängt es verschiedene Namen; alle von ihnen können hier nicht angegeben werden.

4. Prana, Apana, Samana, Udana, Vyana, Naga, Kurma, Krikara, Devadatta und Dhananjaya.

5. Dies sind die zehn wichtigsten Namen, die von Mir in diesem Shastra (Schrift) beschrieben werden; sie erfüllen alle Funktionen, angeregt hierzu von ihren eigenen elementaren Qualitäten.

6. Aus diesen zehn sind die ersten fünf die Führenden; auch unter diesen, sind Meinem Urteil gemäß, der Prana und Apana die höchsten Vertreter.

7. Der Sitz des Prana ist das Herz, der Apana im Anus, der Samana im Bereich oberhalb des Bauchnabel, der Udana in der Kehle, während die Yyana sich über den ganzen Körper bewegt. Sie unterstehen den fünf Elementen!

8. Die restlichen fünf Vayus führen die folgende Funktionen im Körper aus: Aufstoßen, die Augen öffnen, Hunger und Durst, Gähnen und schließlich den Schluckauf.

9. Er, der auf diese Weise den Mikrokosmos, den Körper kennt, ist von allen Sünden freigesprochen und erreicht den höchsten Stand.

Der Guru

10. Ich werde dir nun sagen, wie leicht man zum Erfolg im Yoga kommen kann, durch das Wissen, welche Fehler die Yogis in der Praxis nie ausüben dürfen.

11. Nur das Wissen vermittelt durch die Lippen eines wahren Meisters, ist sinnvoll und nützlich; sonst wird die Praxis vergeblich, mühevoll und schmerzhaft. Denn die hier gegebenen Übungen sind nur oberflächliche

Richtlinien!

12. Er, der jedem Wissen zugetan ist, erfreut seinen Guru mit jeder Aufmerksamkeit und erhält die Frucht seines Wissens und seiner Weisheit.

13. Es gibt nicht den geringsten Zweifel daran, dass der Guru Vater, Mutter und Gott selbst ist, und als solcher sollte er vor allem mit Gedanken, Worten und Taten geehrt werden. Vorausgesetzt: Er ist kein Gaukler!

14. Durch die Gunst des Gurus lernt man alles über sich selbst für seine Entwicklung kennen. So sollte man täglich seinen Guru ehren; sonst trägt es keine Früchte.

15. Symbolisch gesehen solltest du ihn grüßen, dabei dreimal umrunden und seine „Lotusfüße" mit deiner rechten Hand berühren.

Der Adhikari – die geeignete Person

16. Die Person, die die Kontrolle über sich selbst erreicht hat, erlangt wahrlich durch den manifestierten Glauben Erfolg; durch nichts anderes kann dies gelingen! Daher sollte man den Yoga mit Glauben, Sorgfalt und Ausdauer üben.

17. Diejenigen, die süchtig nach sinnlichen Vergnügen oder schlechter Gesellschaft sind, die Ungläubigen, die ohne Respekt vor ihrem Guru sind, welche Zuflucht bei den wahllosen Versammlungen suchen, welche süchtig nach falschen und unnützen Streit sind, die grausam in ihrer Rede sind, und sich nicht zufrieden geben mit ihrem Guru, erreichen niemals Erfolg.

18. Die erste Voraussetzung für den Erfolg ist die feste Überzeugung, dass die Übungen Erfolg versprechen; die zweite Bedingung ist der Glaube an den Weg; der dritte ist der Respekt vor dem Guru; der vierte ist der Geist der universellen Ausgeglichenheit; der fünfte ist die Zurückhaltung der Sinnesorgane bzw. der Leidenschaften; der sechste ist mäßiges Essen, das sind alle. Es gibt keine siebte Bedingung.

19. Nachdem er Yoga-Instruktionen und einen wahren Guru erhalten hat, lass ihn mit Ernst und Glauben die Praxis nach der Methode, die von seinem Lehrer unterrichtet wird, beginnen.

Der Ort usw.

20. Lass den Yogi an einen schönen, angenehmen und zurückgezogenen Ort oder in eine Kammer gehen. Dort soll er die Körperhaltung Padmasana einnehmen und auf einem Sitz aus „Kusa-Gras" beginnen, die Regulierung

des bewussten Atem zu üben.

21. Der kluge Anfänger sollte seinen Körper fest und unbeweglich halten, seine Hände falten, als ob er beten würde und die Gurus zu seiner linken Seite begrüßen. Er sollte auch Ganesha – den Zerstörer aller Hindernisse – auf der rechten Seite Tribut zollen, ebenso den vier Wächtern der Welten (= die vier den Elementen unterstehenden Schöpfergottheiten) und der Göttin Ambika (Gemahlin von Rudra/Shiva), welche sich auf der linken Seite befinden.

Der Pranayama (Kraftstauung)

22. Dann lass **den weisen Schüler** mit seinem rechten Daumen die Pingala (rechtes Nasenloch – elektrisches Fluid) verschließen, die Luft durch die Ida (das linke Nasenloch – magnetisches Fluid) einatmen, und anschließend soll er die Luft anhalten – die Atmung aussetzen – so lange wie er kann; und danach lass ihn langsam, nicht mit Gewalt, durch das rechte Nasenloch ausatmen.

23. Wiederum lass ihn den Atem durch das rechte Nasenloch einziehen und den Atem anhalten, so lange seine Kraft es zulässt; dann soll er die Luft durch das linke Nasenloch ausstoßen, nicht mit Gewalt, aber langsam und vorsichtig.

24. Nach dem oben beschriebenen Verfahren des Yoga, lass ihn zwanzig Kumbhakas (Anhalten des Atems) üben. Er sollte dies täglich üben, ohne Vernachlässigung oder Trägheit, und frei von allen Zweikämpfen von Liebe und Hass, und Zweifel und Streit usw., d. h. dass er seelisch ausgeglichen sein muss, seine vier Temperamente müssen sich im Gleichgewicht befinden, wenn er diese Übung vornehmen will!

25. Diese Kumbhakas sollten vier Mal geübt werden – einmal (1) am frühen Morgen bei Sonnenaufgang, (2) dann Mittags, (3) die dritte bei Sonnenuntergang, und (4) die vierte in der Mitte der Nacht.

26. Wenn diese Übungen regelmäßig für drei Monate praktiziert wurden, werden die Nadas (feinstoffliche Energiebahnen des elektrischen und magnetischen Fluides) des Körpers bei **entsprechender Einstellung** leicht und sicher gereinigt werden.

27. Wenn dadurch die Nadas des wahrheiterkennenden Yogi gereinigt werden, dann werden alle seine Mängel zerstört und er tritt in die erste Stufe der Praxis des Yoga, genannt Arambha, ein.

28. Bestimmte Zeichen werden im Körper des Yogi, dessen Nadas gereinigt

wurden, wahrgenommen. Ich werde all diese verschiedenen Zeichen in wenigen Worten beschreiben.

29. Der Körper der Person, der die Regulierung des Atem übt, wird sich harmonisch entwickelten, gibt süßen Geruch von sich und sieht schön und reizend aus. In allen Arten des Yogas gibt es vier Stufen des Pranayama – 1: Arambha-Avastha (der Zustand der ersten Verbundenheit), 2: Ghata-Avastha (der Zustand der Zusammenarbeit von Selbst und dem höheren Selbst, die durch die göttlichen Eigenschaften dargelegt werden), 3: Parichaya-Avastha (das reine Wissen), 4: Nishpatti-Avastha (die endgültige, den vier Tattwas unterstehende Vollendung).

30. Wir haben über den Beginn der Arambha-Avestha von Pranayama bereits beschrieben, der Rest wird im Folgenden erklärt. Dadurch werden alle Sünden und Sorgen zerstört.

31. Die folgenden Eigenschaften werden immer im Körper eines jeden Yogi gefunden – guter Appetit, gute Verdauung, Heiterkeit, hübsche Figur, großen Mut, mächtige Begeisterung und volle Kraft.

32. Jetzt werde ich dir von den großen Hindernissen des Yoga berichten, die vermieden werden müssen, genauso wie die Entfernung durch den Yogi beim Überqueren des Meeres der weltlichen Trauer, damit er durch den Abstand zur materiellen Welt die Reinheit erlangt.

Die Dinge, auf die man verzichten muss

33. Der Yogi sollte auf folgendes verzichten: – 1. Säuren, 2. Adstringentien, 3. scharfe Stoffe, 4. Salz, 5. Senf, und 6. bittere Dinge, 7. viel zu Fuß gehen, 8. zu frühes baden (vor Sonnenaufgang) und 9. Dinge, die in Öl gebraten wurden, 10. Diebstahl, 11. Tötung (der Tiere), 12. Feindschaft gegenüber einer Person, 13. Stolz, 14. Doppelzüngigkeit und 15. Unehrlichkeit; 16. Fasten, 17. Unwahrheit, 18. andere Dinge, als die von Moksha (Befreiung) handeln, 19. Gedanken der Tierquälerei, 20. Gesellschaft von Frauen, 21. Anbetung (oder Handhabung oder sitzen in der Nähe) von Feuer und 22. viel reden, ohne Hinblick auf die Annehmlichkeit oder Unannehmlichkeit der Rede, und schließlich 23. viel Essen.

Die Mittel

34. Jetzt werde ich dir von den Mitteln berichten, mit dem man schellen

Erfolg im Yoga erlangen kann; der Praktiker muss sie geheim halten, so dass der Erfolg mit Sicherheit eintreten wird.

35. Der große Yogi sollte immer die folgenden Regeln beobachten: – Er sollte 1. Butterschmalz verwenden, 2. Milch, 3. süße Speisen und 4. Betel ohne Kalk, 5. Kampfer, 6. freundliche Worte, 7. ein angenehmes Kloster oder eine ruhige Zelle mit einer kleinen Tür, 8. Diskurse über Wahrheit hören und 9. immer seine Haushaltspflichten erfüllen mit Vairagya (ohne Anhang), 10. den Namen des Vishnu singen, 11. hören von süßer Musik, 12. Geduld haben, 13. Beständigkeit, 14. Vergebung, 15. Strenge, 16. Reinigungen, 17. Bescheidenheit, 18. Hingabe und 19. dem Guru dienen.

36. Wenn die Luft in die Sonne übergeht, ist die richtige Zeit für den Yogi seine Nahrung zu sich zu nehmen (d. h. wenn der Atem durch den Pingala fließt); wenn die Luft in den Mond übergeht, soll er schlafen gehen (d. h. wenn der Atem durch das linke Nasenloch oder Ida fließt).

37. Die Yoga-Pranayama sollte man nicht nach den Mahlzeiten durchführen, auch nicht wenn man sehr hungrig ist; vor Beginn der Praxis sollte man etwas Milch und Butter zu sich nehmen.

38. Wenn man in seiner Praxis fest gegründet ist, dann muss man diese Einschränkungen nicht beachten. Der Praktiker sollte auf einmal nur kleine Mengen essen, wenn auch häufig, und sollte täglich zu den gleichen Zeiten üben.

39. Wenn der Yogi willentlich kann, soll er die Luft regulieren und den Atem anhalten, (wann und wie lange) er es zu ertragen vermag, jedoch ohne Übertreibung, d. h. damit er die Kräfte richtig stauen kann; dann bekommt er sicherlich Erfolg in Kumbhaka, und aus dem Erfolg im Kräftestauen der Elemente, gibt es nichts, was der Yogi nicht befehlen kann!

Die erste Stufe

40. In der ersten Stufe des Pranayama beginnt der Körper des Yogi auf Grund der Stauung göttlichen Kraft zu „schwitzen". Wenn er schwitzt, sollte er sich gut abreiben, da sonst der Körper des Yogi seine Dhatu (Säfte) verliert.

Die zweite und dritte Stufe

41. In der zweiten Stufe kommt es zum „Zittern" des Körpers, in der dritten

zum „Springen wie ein Frosch", denn die göttlichen Eigenschaften wie z. B. die Allmacht, Allweisheit, All-Liebe usw. wird für einen Menschen immer stärker und „unerträglicher"!; und wenn er die Praxis vertieft, erhebt der Adept sich durch die Beherrschung der Tattwas in die „Luft".

Vayu-Siddhi

42. Wenn der Yogi, immer noch im Padmasana sitzend, sich in die Luft erhebt und den Boden verlässt, dann weiß man, dass er Vayu-Siddhi (Erfolg über die Elemente) besitzt, dessen Erlangung die Dunkelheit der Welt zerstören kann.

43. Aber so lange (als er sie nicht gewonnen hat), soll er die Einhaltung aller Regeln und Beschränkungen – wie oben dargelegt – üben. Von der Perfektion des Pranayama folgt die Abnahme von Schlaf, Kot und Urin, denn er wird geprüft werden.

44. Der die Wahrheit verehrende Yogi wird frei von Krankheit und Schmerz oder Leid, er wird nie (fauligen) Schweiß, Speichel und Darmwürmer bekommen.

45. Im Körper des Yogis gibt es weder eine Nekrose von Schleim, Wind, noch Galle; dann kann er ungestraft in seiner Ernährung und regelmäßig in den anderen Dingen fortfahren.

46. Keine schädlichen Ergebnisse werden dann folgen, wenn der Yogi eine große Menge an Nahrung zu sich nehmen würde, oder nur sehr wenig oder überhaupt keine Lebensmittel isst. Durch die Stärke der konstanten Elemente-Praxis erhält der Yogi Bhuchari-Siddhi – er bewegt sich wie der Frosch, springt über den Boden, wenn er sich „erschrickt".

47. Wahrlich, es gibt viele schwere und fast unüberwindliche Hindernisse im Yoga, doch der Yogi sollte mit seiner Praxis weiter machen und an allen Gefahren vorübergehen.

48. Der Schüler soll an einem ruhigen Ort zur Eindämmung seiner sinnlichen Begierden sitzen, leise das lange Pranava OM (Meditation über den Schöpferklang der Tantraformel „Aum") wiederholen, welches mit Hilfe der Beherrschung der Tattwas ausgesprochen wird, alle Hindernisse zerstören kann.

49. Der weise Praktiker zerstört sicherlich all sein Karma, ob er es in diesem oder im vergangenen Leben erworben hat; allein durch die Beherrschung der Atemübung des Ida-Pingala-Fluides wird er davon befreit.

50. Der große Yogi zerstört durch sechzehn (4x4) Pranayamas die verschiedenen falschen Tugenden und Laster, die er in seinem früheren Leben angesammelt hat.

51. Dieses Pranayama zerstört die „Sünde", wie das Feuer einen Haufen Baumwolle verbrennt; es macht den Yogi frei von Sünde; außerdem zerstört es die Bindungen all seiner guten aber unausgeglichenen Taten.

52. Der mächtige Yogi hat durch Pranayama die acht Arten von psychischen Kräften erlangt, und mit ihnen überquerte er den Ozean von Tugend und Laster, wird sozusagen wahrlich ausgeglichen und kann sich frei durch die drei Welten bewegen.

Erhöhung der Dauer

53. Dann sollte man sich nach und nach in die Lage versetzen, für drei Gharis (drei halbe Stunden in einem zu praktizieren; er sollte in der Lage sein, den Atmen für diesen Zeitraum „zurückzuhalten" und währenddessen in Samadhi (Gottverbundenheit) eintauchen). Dadurch wird der Yogi zweifellos alle lang ersehnten Kräfte entwickeln.

Siddhis oder Vollkommenheiten

54. Dadurch erwirbt der Yogi folgende Kräfte: Vakya-Siddhi (Weissagung), sich willentlich überall hin transportieren (Kamachari), Hellsehen (Duradristhi), Hellhörigkeit (Durashruti), Prophetie (Shushma-Drishti) und die Macht der Einnahme eines anderen Körpers (Parakaypravesana), das alchemistische verwandeln der unedlen Metallen in Gold durch Reiben mit dem Roten Löwen (Stein der Weisen), und die Macht unsichtbar zu sein und schließlich, sich in die Luft zu erheben.

Die Ghata Avasta

55. Wenn der Yogi durch die Praxis des Pranayama den Zustand der Ghata (astrale Feinheit) erreicht hat, dann wird es für ihn nichts mehr in diesem gesamten Universums geben, das er nicht erreichen kann.

56. Die Ghata wird als Zustand bezeichnet, in dem Prana- und Apana-Vayus, die Nadas und der Vindu (Samen), der Jivatma (der göttliche Geist) und die Paramatma (der Universal-Geist) zu einem kombinieren und zusammenarbeiten.

57. Wenn er die Macht hat, den Atem für drei Stunden anzuhalten (d. h. um den Trancezustand einzuleiten), dann wird der wundervolle Zustand der Pratyahar (Vergöttlichung aller Sinne bzw. aller analogen Elemente) sicherlich ohne Fehler erreicht.

58. Was auch immer er für einen Gegenstand wahrnimmt, er soll ihn mit seinem Geist betrachten. Wenn die Wirkungsweise verschiedener Sinne bekannt sind, dann kann man sie erobern.

59. Wenn durch die große Praxis der Yogi Kumbhaka für volle drei Stunden vollbringen kann, wenn er acht Dandas (drei Stunden) die Atmung aussetzen kann (den Trancezustand beibehalten kann), dann kann der Weise sein Gleichgewicht für immer und in jeder Situation festigen bzw. halten; auch wenn er für andere verrückt und unverständlich gehalten wird!

Die Parichaya

60. Danach, durch weitere Übung, erreicht der Yogi die Parichaya-Avastha. Wenn die Luft die Sonne und den Mond verlässt (das rechte und das linke Nasenloch), bleibt er ungerührt und stetig in dem Äther des Sushumna-Kanals, dann ist er in dem Parichaya-Zustand, einer Vertiefung der Gottverbundenheit.

61. Wenn er durch die Praxis des Yoga die Macht des Handelns erwirbt (Kriya-Shakti) und die sechs Chakren „durchdringt", erreicht er sicher den Zustand der Parichaya; dann wird der Yogi, wahrlich, die dreifache Wirkung von Karma wahrnehmen.

62. Dann, lass den Yogi die Vielzahl von Karma durch die Pranava (OM) zerstören; lass ihn Kayavyhua erreichen (einen mystischen Prozess der Vermittlung der verschiedenen Skandas, Sein-Zustände des Körpers), um an allen Folgen seiner Handlungen in einem Leben zu genießen oder zu leiden, ohne die Notwendigkeit auf Wiedergeburt.

63. Zu dieser Zeit soll der große Yogi die fünffachen Dharana-Formen der Konzentration auf Vishnu üben, mit dem Befehl die Herrschaft über die fünf Elemente zu erhalten. Außerdem wird die Furcht vor Verletzungen durch ein Tattwa entfernt. (Erde, Wasser, Feuer, Luft und Akasha kann keinen Schaden mehr verursachen.)

64. Lass den weisen Yogi die Praxis des Dharana so ausführen: Fünf Ghatis (2 ½ stündige Meditation) im Adhara-Lotus (Muladhara/Erde), fünf Ghatis in dem Sitz des Linga (Svadhisthana/Wasser), fünf Ghatis in der Region darüber, (im Nabel; Manipur/Feuer) und das gleiche im Herzen

(Anahata/Luft), fünf Ghatis in der Kehle (Visuddha/Äther) und schließlich lass ihn Dharana fünf Ghatis in dem Raum zwischen den beiden Augenbrauen (Anjapur/Bewusstsein) durchführen. Durch diese Praxis werden die Elemente nicht mehr dazu fähig sein, den großen Yogi zu schaden.

65. Der weise Yogi, der ständig diese Konzentrationsübungen (Dharana) praktiziert, stirbt selbst nicht in 100 Zyklen des großen Brahma.

Die Nishpatti

66. Nach wiederholter Übung erreicht der Yogi den Zustand der Nishpatti-Avestha, der Stufe der Vollendung. Sobald der Yogi die Saat des Karmas, welche ihm als Hilfe zur Entwicklung seit Anbeginn beigelegt wurde, zerstört hat, wird er den Nektar der Unsterblichkeit trinken.

67. Hat einmal der still in sich gekehrte Yogi Jivan-Mukta (Befreiung) in seinem jetzigen Leben durch die Beherrschung des Samadhi, durch Meditation über die 4 vergöttlichten Tattwas erreicht, und er kann den vollendeten Zustand des Samadhi jederzeit hervorrufen, soll sich der Yogi der Chetana, d. h. der bewussten göttlichen Intelligenz widmen. Zusammen mit dem „Luft" und der Macht des Kriya-Sakti, wird der Yogi die sechs Räder (=Elemente) beherrschen und diese mit einer göttlichen Macht, die Jnana-Sakti genannt wird, vereinen.

68. Da wir nun die Beherrschung der „Luft" beschrieben haben und damit die Hindernisse abgetragen haben, die den Yogi auf seinem Weg erwarten, verschwindet durch Beherrschung von Vayu-Sadhana (Kraft-Übung) der kosmische Kreislauf von Leid und Freude.

69. Ist einmal der geübte Yogi fähig, Prana-Vayu zu trinken, indem er seine Zunge gegen den Gaumen drückt, lösen sich alle Yoga-Lehren auf, d. h. er benötigt kein Yoga mehr.

70. Der Yogi, der die Gesetze der Wirkung von Prana und Apana (obere und untere Ströme) kennt, kann die kalte Luft mithilfe seiner Vorstellung durch seinen Mund einatmen, der in seiner Vorstellung die Form eines „Kähenschnabels" hat. Durch diese „schöpferische Arbeit" hat er Anspruch auf Befreiung.

71. Der weise Yogi, der täglich die ambrosische Luft in sich aufnimmt, beseitigt hiermit die Gesetze der Müdigkeit, Krankheit, Zersetzung und das Altern und Verletzungen.

72. Richtet der Yogi seine Zunge nach oben, während er den von seinem

Mond (Punkt zwischen den Augenbrauen) fließenden Nektar trinkt, überwindet er nach einem Monat den Tod.

73. Schließt der Yogi durch eine richtige Yogamethode fest seinen Kehlkopf (Vach, das Zentrum des Schöpferwortes) und meditiert über die Göttin Kundalini, trinkt das Mondfluid der Unsterblichkeit, wird der Yogi ein Weiser oder Dichter innerhalb von sechs Monaten.

74. Trinkt der Yogi täglich morgens und abends (Dämmerung) die Luft durch den imaginierten „Kährenschnabel" (eine Form der tantrischen Sprache) und stellt sich vor, die Luft fließe durch den Mund der Kundalini (Göttin der Rede), heilt er damit Schwindsucht (Tuberkulose).

75. Trinkt der weise Yogi das Fluid Tag und Nacht durch den „Krähenschnabel", heilt er alle seine Krankheiten. Seine Sinne verfeinern sich zur Hellsicht und Hellhörigkeit.

76. Presst der Yogi seine Zähne zusammen, richtet seine Zunge (Symbol für die Sprache) nach „oben" und trinkt das Fluid sehr langsam, dann überwindet der Yogi innerhalb kurzer Zeit den Tod.

77. Einer, der täglich diese Tantra-Übung für sechs Monate betreibt, wird von allen Sünden befreit und zerstört alle Krankheiten.

78. Wenn er diese Übung für ein Jahr weiter führt, wird er ein Bhairava (ein Name der Gottheit Shiva), er erhält die Kräfte des Astralkörpers und erobert alle Elemente und deren Wesen (Elementare).

79. Wenn der Yogi für eine halbe Sekunde mit seiner Zunge nach oben gezogen verbleiben kann (Symbol für das Sprechen tantrischer Formeln), wird er frei von der Krankheit, Tod und Alter.

80. Wahrlich, wahrlich, Ich sage euch die Wahrheit, dass die Person nie stirbt, welche **meditiert**, während sie die „Zunge nach oben" drückt, verbunden mit dem lebenswichtigen Fluid des Prana.

81. Durch diese Yoga-Übung wird er wie Kamadeva, ohne Rivalen. Er fühlt weder Hunger noch Durst, noch Schlaf, noch Ohnmacht.

82. Handelnd nach dieser Methode, wird der große Yogi in der Welt vollkommen unabhängig und frei von allen Hindernissen; er kann alle Welten durchschreiten.

83. Durch das Üben muss er nie wiedergeboren werden, noch wird er von Tugend und Laster verdorben, da er sich im absoluten Gleichgewicht befindet; deshalb lebt er (für ewig) bei den Göttern.

Die Körperhaltungen

84. Es gibt vierundachtzig Haltungen der verschiedenen Arten. Aus ihnen wurden vier ausgesucht, wie Ich es oben schon erwähnt habe:
1. Siddhasana,
2. Padmasana,
3. Ugrasana,
4. Svastikasana.

1. Siddhasana

85. Die Siddhasana gibt dem Praktiker Erfolg: Drück vorsichtig mit der Ferse die „Yoni", die andere Ferse des Yogi sollte auf der „Lingam" liegen, er sollte seinen Blick nach oben auf den „Raum" zwischen den Augenbrauen fixieren; er sollte stabil sitzen und seine Sinne beherrschen. Sein Körper muss besonders gerade und ohne jede Biegung sein. Der Ort, an dem er dieses Asana verrichtet, sollte ein ruhiger sein, ohne Lärm.
86. Wer schnell Vollendung im Yoga durch gewisse Übungen erreichen will, sollte die Siddhasana Haltung einnehmen, und die Praxis der Beherrschung des Atems absolvieren.
87. Durch seine Körperhaltung ist der Yogi in der Lage, die materielle Welt zu verlassen; er erreicht das höchste Ziel und in der ganzen Welt gibt es keine so geheimnisvolle Haltung wie diese. Diese Haltung einnehmend und meditierend, wird der Yogi befreit von sinnlicher Sünde.

2. Die Padmasana

88. Ich beschreibe nun die Padmasana, die alle Krankheiten wehrt bzw. kuriert. Nach der Kreuzung der Beine, lege sorgfältig die Füße auf den gegenüberliegenden Oberschenkel (d. h. den linken Fuß auf dem rechten Oberschenkel, und umgekehrt); kreuze sowohl die Hände und lege sie in ähnlicher Weise auf den Oberschenkel; fixiere den Blick auf die Nasenspitze, drücke die Zunge gegen die Wurzel der Zähne (das Kinn sollte erhöht werden, die Brust erweitert), ziehe dann die Luft (bewusst) langsam ein, fülle die Brust mit der ganzen „Kraft" und verteile sie langsam im Körper, in einem ungehinderten Strom.
89. Die Übung kann nicht von jedem praktiziert werden; nur der Weise erreicht mit ihr Erfolg.

90. Mit der Durchführung und Übung dieser Haltung werden zweifellos die Lebensenergien des Praktikers auf einmal vollständig ausgeglichen und fließen harmonisch durch den Körper.

91. Sitzend in der Padmasana Haltung und wissend um die Wirkung des „Prana und Apana", wird der Yogi befreit, wenn er die Beherrschung des Atems durchführt. Ich sage euch die Wahrheit. Wahrlich, Ich sage euch die Wahrheit.

3. Die Ugrasana

92. Strecke beide Beine und halte sie auseinander, fest fass den Kopf mit den Händen und leg ihn auf die Knie. Dies wird Ugrasana (Stern-Haltung) genannt, sie regt die Bewegung der Luft an, zerstört die Dumpfheit und Unbehagen des Körpers, und wird auch als Paschima-Uttana (die hintere gekreuzt Haltung) bezeichnet. Der Weise, der täglich in der Praxis diese edle Haltung einnimmt, kann sicherlich die „Strömung der Luft" durch den „Anus" (=Muladhara) fließen lassen.

93. Diejenigen, die diese Praxis durchführen, erhalten alle Siddhis (Fähigkeiten); daher, diejenigen, die begierig nach Macht sind, sollten diese Stellung fleißig üben.

94. Dieses Geheimnis sollte mit größter Sorgfalt bewahrt und nicht allen und jeden gegeben werden. Durch sie können leicht Vayu-Siddhi erhalten werden und es wird eine Vielzahl von Elend zerstört.

4. Die Svastikasana

95. Leg die Fußsohlen komplett unter die Oberschenkel, halte den Körper gerade und sitz bequem. Dies nennt sich Svastikasana.

96. Auf diese Weise sollte der erfahrene Yogi die Regelung der „Luft" ausüben. Keine Krankheit kann seinen Körper angreifen und er erhält Vayu-Siddhi.

97. Dies wird auch die Sukhasana, die einfache Haltung genannt. Das heilende, gute Svastikasana sollte von dem Yogi geheim gehalten werden.

KAPITEL IV.

Yoni-Mudra. Das heilige Getränk der Kaulas

1. Zuerst fixiere mit deinem stark erleuchteten Geist den Adhar-Lotus. Dann beschäftige dich mit dem „Zusammenziehen der Yoni" (Gefäß des Elementes), welche sich im Bereich des Dammes befindet.
2. Dort lass ihn meditieren, dass der Gott der Liebe in der „Brahma Yoni" verweilt und dass er so schön wie die Bandhuk Blume (Pentapetes pheanicia) ist – glänzend wie zig Millionen Sonnen (Fluid) und kühl wie zig Millionen Monde (Fluid). Darüber (Yoni) ist eine kleine und feine Flamme, deren Form reine göttliche Intelligenz darstellt. Dann lass den Yogi sich vorstellen, dass eine Vereinigung zwischen ihm und dieser Flamme (die Shiva und Shakti ist) stattfindet. Das ist ein Weg, die Gottverbundenheit zu erreichen!
3. Imaginiere dann, dass durch den Sushumna-Kanal drei Körper in angemessener Reihenfolge durchgehen (d. i. der ätherische, der astrale und der mentale Körper). Es wird in jedem Chakra „Nektar" verströmt, deren Charakteristik die große Glückseligkeit ist. Seine Farbe ist weißlich Rosa (pink), voller Pracht, welche in Fontänen das unsterbliche Fluid verschüttet. Lass ihn diesen Wein der Unsterblichkeit trinken, welcher göttlich ist, und dann tritt er wieder in das (imaginative) Kula (Damm) ein.
Anmerkung: Während man sich dieser feinstofflichen Körper immer mehr bewusst wird, trinkt man in jedem „Abschnitt" – je nach reife – diesen reinen Nektar, genannt Kulamrita.
4. Dann lass ihn wieder in den Kula durch die Praxis des Mantrayoga (d. h. Pranayama) eingehen. Diese „Yoni" wurde von mir in den Tantras als gleichberechtigt ins Leben gerufen.
5. Wieder lass ihn in dieser Yoni (=Vorstellung) sich vertiefen, wo das Feuer des Todes wohnt – das Wesen des Shiva. Somit wurde von mir das Verfahren zur Durchführung der großen Yoni-Mudra beschrieben. Der Erfolg in dieser Praxis lässt einem alles erreichen.
6. Gerade diese Mantras, die offiziell verfälscht oder verschlüsselt sind, durch das Feuer „versengt" oder dessen „Flamme abgeschwächt oder dunkel" geworden ist, oder als „böse" oder veraltet hingestellt worden sind, oder nicht der Tradition angeschlossen wurden, oder die dem negativen Prinzip unterstehen, oder dessen Wirkung zu schwach und wesenlos, ohne Lebenskraft ist; oder dessen Kraft in 100 Teile geteilt worden sind; gerade

durch das wahre Aussprechen dieser Mantrams wird man nach langer Zeit und mit der richtigen Methode Erfolg erlangen. All das kann okkulte Kräfte und Freiheit geben, wenn es durch den Guru dem Schüler mitgeteilt wurde, nachdem er ihn nach richtigen Riten initiiert und ihn „tausend Mal gereinigt" hat. Diese Yoni-Mudra wurde beschrieben, damit der Student sich die Einweihung in die Geheimnisse der Mantramistik verdienen und die wahren Mantrams erhalten kann.

7. Er, der Yoni-Mudra praktiziert, wird nicht durch die Sünde verunreinigt, auch wenn er tausend Brahmanen ermordet hat oder alle Bewohner der drei Welten zu töten beabsichtigt.

8. Selbst wenn er seinem Lehrer töten oder Wein trinken oder Diebstahl begehen, oder gegen das Lager seines Lehrers gewalttätig werden würde, ist er auf Grund dieses Mudra nicht von der Sünde befleckt.

9. Daher sollten diejenigen, die Selbstbestimmung wollen, dies täglich üben. Durch dies Übung (Abhyasa) wird Erfolg erlangt; durch Übung erlangt man Befreiung!

10. Vollkommenes Bewusstsein wird durch die Meditation gewonnen. Die Gottverbundenheit in allen vier Tattwas wird durch diese Praxis erreicht; Erfolg im Mudra kommt durch stetige Übung; durch die Praxis ist der Erfolg in Pranayama gewonnen. Der Tod wird durch die Praxis um seine Beute betrogen und der Mensch wird über den Tod herrschen, weil diese Tattwa-Übungen die sterblichen Astral-Elemente unsterblich machen!

11. Durch die Praxis bekommt man die Macht der Vach (Macht durch die Schöpfersprache) und die Macht, durch all die Sphären zu wandern, erlangt man durch bloße Anstrengung seines geschulten Willens. Diese Yoni-Mudra sollte in großer Verschwiegenheit geborgen und nicht jedem gegeben werden. Auch wenn der Yogi mit dem Tode bedroht wird, sollte er sie nicht offenbaren oder an Dritte weitergeben.

Das Erwachen der Kundalini

12. Jetzt werde ich dir die besten Mittel zur Erreichung des Erfolges im Yoga sagen. Der Praktizierende sollte sie geheim halten. Es ist eine schwer erreichbare Yoga-Methode.

13. Wenn die schlafende Göttin Kundalini (personifiziert im Yogi als Allmacht, All-Liebe, Allweisheit und Allgegenwart) erwacht ist, durch die Gnade des Guru, wenn alle Lotusblumen (Elemente) und deren Fesseln leicht „durchbohrt" sind, dann ist es Yoga.

14. Deshalb, sollte die Göttin, wohnend im Mund des Brahmarandhra (der innerste Raum der Sushumna im Astral-Körper des Yogi) durch Meditation und Elementestauungen erweckt werden. Daher sollten die Mudras mit größter Sorgfalt geübt werden.

15. Von den vielen Mudras sind die folgenden zehn die Besten: 1. Mahamudra, 2. Mahabandha, 3. Mahavedha, 4. Khechari, 5. Jalandhar, 6. Mulabandha, 7. Viparitkarana, 8. Uddana, 9. Vajrondi und 10. Shaktichalana.

16. Meine Liebste, ich werde dir jetzt die Mahamudra beschreiben, von deren Wissen der alte Weise Kapila und andere Erfolg im Yoga versprechen.

1. Maha-Mudra

17. In Übereinstimmung mit den Anweisungen des Gurus, drücke vorsichtig den Damm mit der Ferse des linken Fußes. Strecke den rechten Fuß aus, halte ihn sicher mit den beiden Händen. Nachdem der Yogi die neun Tore (des Körpers) verschlossen hat, **d. h. wenn er sämtliche Sinne, Leidenschaften und Temperamente unter Kontrolle hat**, platziere er das Kinn auf der Brust. Dann konzentriere man sich auf die „Schwingungen des Geistes" und atme Luft ein und bewahre sie durch Kumbhaka (=Trance-Zustand). Dies ist die Mahamudra, welche in allen Tantra-Schriften geheim gehalten wurde. Der erwachte Yogi sollte, nachdem er die „Luft" auf der linken (magnetischen) Seite durch die Vorstellung platziert hat, soll er es auf der rechten (elektrischen) Seite üben; in allen Fällen muss er die Übung des Pranayama beherrschen – die Kraftstauungen der göttlichen Fluide im Körper.

18. Auf diese Weise könnte auch der unglücklichste Yogi Erfolg erhalten und es können alle Gefäße (Elemente/Chakren) des Körpers geweckt und in Tätigkeit geführt werden, das Leben wird erhöht und sein Zerfall wird aufgehalten, und alle Sünden werden zerstört. Alle Krankheiten sind geheilt, und das Magen-Feuer wird erhöht. Die Übung gibt einwandfreie Schönheit dem Körper und zerstört Verfall und Tod. Alle Früchte der Lust und Freude werden erfüllt, und die Sinne wurden erobert. Der Yogi, feststehend in der Meditation, erwirbt durch die Praxis alle oben genannten Dinge. Er sollte nicht zögern, diese auszuüben.

19. O ihr, die die Götter verehren, wisst, dass dieses Mudra geheim ist und mit größter Sorgfalt aufbewahrt werden muss. Hat man das erlangt, kann

man über die Schwelle ins Astralreich treten.

20. Diese Mudra, von mir beschrieben, ist für den weisen Praktiker der Erfüller aller Wünsche; sie sollte verschwiegen geübt und niemanden gegeben werden.

2. Maha-Bandha

21. Dann – nach der Beherrschung des Maha-Mudra, sprich, nach Beherrschung des Sonnen- und Mond-Fluides – nachdem er den (rechten) Fuß ausgestreckt hat, leg ihn auf den (linken) Oberschenkel, „kontrahiere" den Damm und ziehe die Apana-Vayu (den unteren Strom) nach oben und verbinde ihn mit Samana-Vayu (der schöpferischen Kraft), biege die Prana-Vayu (oberen Strom) nach unten, und dann lass den Yogi die Fluide in der Dreieinigkeit in dem Nabel „zusammenfließen". D. h. Prana und Apana sollte verbunden mit der Samana im Nabel (Akasha) zur Verwirklichung seiner Wünsche einfließen; es wird dadurch ein Volt, eine elektromagnetische Batterie im Astralen geschaffen, dessen Kraft alle Wünsche erfüllt! Ich habe dir mitgeteilt, wie die Maha-Bandha nun auszuführen ist, um Selbstbestimmung zu erlangen. Dadurch werden alle Flüssigkeiten in den Gefäßen (Elemente) des Körpers im Yogi in Richtung des Kopfes (Symbol der Gottverbundenheit) „getrieben". Dies sollte mit großer Sorgfalt, abwechselnd mit beiden Füßen geübt werden.

22. Durch diese Praxis tritt der „Wind" in den Mittelkanal Sushumna ein, der Körper wird durch sie gestärkt, die Knochen werden gefestigt, das Herz des Yogi ist voll „göttlicher Heiterkeit". Durch diese Bandha erfüllt sich der große Yogi **alle seine Wünsche**!

3. Maha-Vedha

23. O Göttin der drei Welten, wenn der Yogi, während der Durchführung der Maha-Bandha, eine Vereinigung der Prana- und Apana-Vayus veranlasst und die Eingeweide mit „Luft" füllt, sie langsam in Richtung Gesäß (Muladhara) treibt, wird dies Maha-Vedha genannt.

24. Die Besten der Yogis haben mit der Hilfe der Vayu, mit dieser Methode, den Knoten bzw. die Hindernisse durchbohrt, der im Weg der Sushumna liegt, dann sollten sie auch den „Knoten des Brahma" durchstoßen.

25. Wer diesen Maha-Vedha mit großer Verschwiegenheit praktiziert hat, erhält Vayu-Siddhi (Herrschaft über die Elemente). Sie zerstört Verfall und

Tod.

26. Die Götter, mit Wohnsitz in den Chakren, zittern auf Grund des sanften Zuströmens und Ausströmens der Luft (Kraft) durch Pranayama; die große Göttin, Kundali Maha Maya, wird auch im „Berg Kailash" aufgenommen.

27. Die Mahamudra und Mahabandha machen fruchtlos, wenn ihnen Mahavedha nachfolgt, daher sollten die Yogis diese drei Übungen nacheinander mit großer Sorgfalt durchführen.

28. Wer diese drei viermal täglich mit großer Sorgfalt praktiziert, erobert zweifellos den Tod innerhalb von sechs Monaten.

29. Nur der Siddha (der mit göttlichen Fähigkeiten begnadete) kennt die Bedeutung dieser drei und sonst keiner; dies zu wissen, ermöglicht dem Praktikanten jeden Erfolg.

30. Dies sollte in großer Verschwiegenheit gehalten werden, wenn des Yogis Wunsch auf Machterlangung sich verwirklichen soll; anderenfalls ist es sicher, dass die begehrten Kräfte nie durch die Praxis der Mudra erhalten werden.

4. Khechari

31. Der weise Yogi, sitzend in der Vajrasana (Körperhaltung), an einem Ort, frei von Störungen, sollte seinen Blick fest auf die Stelle in der Mitte der beiden Augenbrauen richten, und seine Zunge nach hinten wenden, in der Wölbung unter dem Kehldeckel (Anspielung auf die Aussprache einer tantrischen Formel!), womit sie mit großer Sorgfalt auf den Mund des „Nektars Brunnens" zu liegen kommt. Diese Übung, die von mir im Auftrag meiner Verehrer beschrieben wird, ist die Khechari-Mudra.

32. O, meine Geliebte, wisse, dass dies die Quelle allen Erfolges ist, immer praktizierend, lässt es den Yogi die Ambrosia täglich trinken. Dadurch erhält er Vigraha-Siddhi (Macht über den Mikrokosmos), wie der Löwe über den Tod des Elefanten bestimmt.

33. Ob rein oder unrein, in welchen Zustand er auch immer sein mag, wer Erfolg in Khechari erhalten hat, erlangt wahre Reinheit. Es gibt keinen Zweifel.

34. Er, der dies nur einen Moment praktiziert hat, überquert den großen Ozean der Sünden, und nachdem er die Freuden der Götter-Welt genossen hat, wird er in einer Adelsfamilie wiedergeboren werden.

35. Wer diese Khechari-Mudra ruhig übt und ohne Faulheit, kennt die Sekundenzahl von hundert Brahma-Tagen.

36. Wer Khechari-Mudra nach den Anweisungen seines Gurus ausübt, erhält das höchste Ziel, auch wenn er in großen Sünden eingetaucht sein sollte.

37. O, ihr verehrten Götter! Diese Mudra, so lieb wie das Leben, sollte nicht jedem gegeben, sondern sollte mit großer Sorgfalt verborgen gehalten werden.

5. Jalandhara

38. Nachdem zusammenziehen der Muskeln der Kehle, drück das Kinn auf die Brust. Es wird gesagt, dass dies Jalandhara-Mudra ist. Auch die Götter bezeichnen es als unschätzbar. Das Feuer im Bereich des Nabels (d. h. des Manipura-Chakra) trinkt den Nektar der Gottverbundenheit, der aus dem tausendblättrigen Lotos ausstrahlt. (Um zu verhindern, dass der „Nektar" verbraucht wird), sollte der Yogi diese Bandha üben.

39. Durch diese Bandha, trinkt der weise Yogi selbst den Nektar, und erhält Unsterblichkeit und genießt die drei Welten.

40. Diese Jalandhara-Bandha ist der Spender des Erfolges für den Praktiker; der Yogi sollte es täglich, auf Grund seines Wunsches nach Erfolg, praktizieren.

6. Mula-Bandha

41. Drücke mit der Ferse den Anus; der Apana-Vayu wird durch die Praxis der Imagination nach oben gezogen. Dies wird als Mula-Bandha beschrieben – der Zerstörer von Verfall und Tod

42. Wenn im Zuge der Praxis dieser Mudra, der Yogi die Apana (Magnetismus) mit dem Prana-Vayu (Elektrizität) vereint, dann wird es selbstverständlich zur Yoni-Mudra.

43. Er, der Yoni-Mudra vollbracht hat, was kann er nicht alles in dieser Welt erreichen. Sitzend in der Padmasana Körperhaltung, frei von Müßiggang, kann der Yogi sich vom Boden erheben, sich durch die Luft bewegen, aufgrund der Wirkung dieser Mudra.

44. Wenn der weise Yogi begierig ist, den Ozean der Welt zu überqueren, lass ihn diesen Bandha im Verborgenen üben, an einem ruhigen Ort.

7. Viparit-Karana

45. Den Kopf auf den Boden legend, lass ihn seine Beine nach oben ausstrecken, rundherum bewegend. Dies ist Viparit-Karana, ein gut gehütetes Geheimnis in allen Tantras.
46. Der Yogi, der es täglich drei Stunden lang übt, überwindet den Tod und wird sogar während des Pralaya (Weltuntergang) nicht zerstört.
47. Er, der diesen „Nektar" trinkt, wird unweigerlich zum Siddha; er, der diesen Bandha praktiziert, wird ein wahrer Adept unter all den Geschöpfen.

8. Uddana-Bandha

48. Wenn die Gedärme über und unter dem Nabel auf die linke Seite gebracht worden sind, spricht man von Uddana-Bandha – dem Zerstörer aller Sünden und Sorgen. Die linke Seite der Eingeweide der Bauchhöhle sollte über den Nabel gebracht werden. Diese Uddana-Bandha gleicht dem Löwen, welcher den Tod des Elefanten bestimmt.
49. Der Yogi, der sie viermal täglich praktiziert, reinigt damit seinen Bauchnabel, wodurch die Winde (Ströme) gereinigt werden.
50. Übend sechs Monate lang, der Yogi besiegt unweigerlich den Tod; das Magen-Feuer wird angefacht, und es kommt zu einer Zunahme der Fluide des Körpers.
51. Durch diese, folglich, die Vigraha-Siddhi wird erhalten. Alle Erkrankungen des Yogi sind durch sie sicher zerstörbar.
52. Diese Methode, übermittelt vom Guru, sollte der kluge Yogi mit großer Sorgfalt üben. Diese geheime Mudra sollte an einem ruhigen und ungestörten Ort praktiziert werden.

9. Vajrondi-Mudra

53. Angetrieben durch die Gnade für Meine Anhänger, erkläre Ich jetzt die Vajrondi-Mudra, der Zerstörer der Dunkelheit der Welt, das Geheimste aller Geheimnisse.
54. Auch während der Weiterverfolgung all seiner irdischen Pflichten, und ohne sich nach den Vorschriften des Yoga zu richten, kann auch ein Hausmann sich vervollkommnen, wenn er die Vajrondi-Mudra ausübt.
55. Die Vajroli-Yoga-Praxis gibt Selbstbestimmung selbst dann, wenn man in Sinnlichkeit versunken ist; daher sollte es von einem Yogi mit großer

Sorgfalt geübt werden.

56. Zunächst lasst uns beim talentierten Praktikers beginnen, gemäß den angemessenen Übungen, die Energie der Keimzellen des weiblichen Geschlechts-Organ während des Aktes „durch die Harnröhre imaginativ abzusaugen" und sein eigenes Sperma dabei zurückzuhalten. Wenn der Fall eintritt, dass der Samen sich zu bewegen beginnt (d. h. dass die Leidenschaft ihn übermannt), stoppt man den möglichen Erguss, indem der Yogi die Praxis der Yoni-Mudra (das Bilden einer elektromagnetischen Kraftballung) ausführt. Platziere den Samen auf dem linkshändigen Kanal und stopp den weiteren Geschlechtsverkehr. Nach einer Weile kann man wieder fortfahren. In Übereinstimmung mit der Anweisung des Lehrers und durch Aussprechen der tantrischen Formel „Hum" (magisches Schöpferwort), zieht man kräftig die Keimzellen nach oben durch Konzentration auf den Apana-Vayu (unteren Kräfte) aus dem „Uterus".

57. Der Yogi, Verehrer der Lotus-Füße seines Gurus, sollte um schnellen Erfolg im Yoga zu erhalten, Milch oder den göttlichen Nektar in dieser Weise zu sich nehmen.

58. Nach Vertauschung der beiden Pole im Körper des Yogi, wird das Sperma als mondartig (magnetisch) angesehen, und die Keimzellen (Vaginalsekret) der Frau stellen das Emblem der Sonne (elektrisch) dar; lass den Yogi die Vereinigung mit der geschulten Yogin in seinem eigenen Körper mit großer Sorgfalt vollbringen.

59. Ich, Shiva, bin das Sperma, Shakti ist die Keim-Flüssigkeit; wenn sie beide kombiniert werden, dann wird der Yogi den Zustand des höchsten Erfolges erreichen, und sein Körper wird glänzend und göttlich.

60. Ejakulation beiderlei Samen ist der Tod, die Erhaltung bzw. die Beherrschung seiner sinnlichen Begierden, ist Leben; deshalb lass den wahren Yogi seinen Samen mit großer Sorgfalt bewahren.

61. Wahrlich, wahrlich, Männer (Frauen) werden geboren und sterben durch Sperma; dies zu wissen, lass den Yogi immer üben, um seinen Samen zu bewahren.

62. Wenn durch große Anstrengungen Erfolg in der Zurückhaltung des Samen erreicht wird, was kann man nicht alles in dieser Welt bewirken? Durch die Größe seiner Beherrschung wird man wie Ich, Herr der Herrlichkeit.

63. Der Vindu (Samen) bewirkt Freude und Schmerz aller Geschöpfe in dieser Welt und die sinnlich Verliebten unterliegen Tod und Verfall. Für den Yogi ist die Bewahrung des Samen der Beste aller Yogapraktiken, und diese

Übung ist der Geber des Glücks.

64. Obwohl in Freuden eingetaucht, bekommt der Übende Kräfte durch seine Meditationen. Durch die Macht seiner Praxis wird er ein gebührender Meister seiner Zeit, in seinem jetzigen Leben.

65. Der Yogi erhält durch diese Praxis alle Arten von Kräfte und Fähigkeiten, zur gleichen Zeit kann er sich an allen unzähligen „Genüssen" der Welt erfreuen.

66. Diesen Yoga kann man zusammen mit „göttlicher Freude" ausüben; daher sollte es der Yogi praktizieren.

67. Es gibt zwei Modifikationen des Vajrondi, genannt Sahajoni und Amarani. Mit beiden Varianten muss der Yogi den „Samen bewahren"!

68. Wenn zum Zeitpunkt des Beischlafes der Vindu (Samen) konzentriert ausgestoßen wird, und es findet eine Vereinigung von „Sonne und Mond" statt, dann soll er diese Mischung durch das Rohr des männlichen Gliedes (Harnröhre) „absorbieren" bzw. mit dieser geballten göttlichen Kraft schöpferisch arbeiten. Dies ist Amarani.

69. Die Methode, mit der der Vindu zum Zeitpunkt des Ergusses durch Yoni-Mudra (=Schaffung eines sexual-magischen Voltes) zurückbehalten werden kann, wird als Sahajoni bezeichnet. Sie wird in allen Schriften über Tantras geheim gehalten.

70. Letztendlich ist die magische Handlung von ihnen (Amarani und Sahajoni) die gleiche, es gibt nur Unterschiede in der Benennung. Lass den Yogi die Praktik mit größter Sorgfalt und Ausdauer ausüben.

71. Auf Grund der Liebe für Meine Anhänger, habe Ich diese Yoga-Methode offenbart; sie sollte aber mit größter Sorgfalt geheim aufbewahrt und nicht jedem gegeben werden.

72. Es ist das größte Geheimnis aller Geheimnisse, das es je gegeben hat, daher sollte der umsichtige Yogi sie mit größter Geheimhaltung, die möglich ist, bewahren.

73. Zum Zeitpunkt der Entleerung des „Wassers", beherrscht der Yogi es imaginativ durch die Apana-Vayu, und hält es auf und gleicht es langsam aus; diese Praktik täglich ausgeführt in Harmonie und nach den Anweisungen seines Gurus, erhält er die Vindu-Siddhi (Macht über Sperma bzw. Herrschaft über die unteren und oberen Ströme), welche große Macht verleihen.

74. Wer diese täglich nach den Anweisungen seines Gurus praktiziert, verliert nicht seinen „Samen", auch wenn er hunderte Frauen gleichzeitig beglücken sollte, so sehr hat er die Herrschaft seiner Begierden unter

Kontrolle!

75. O Parvati! Wenn Vindu-Siddhi erhalten wird, was kann man nicht alles damit bewirken? Auch alle unzugänglichen Herrlichkeiten Meiner göttlichen Schöpfungen können dadurch erreicht werden.

10. Shakti-Chalan

76. Lass den weisen Yogi konzentriert und mit Ernst die Göttin Kundali, welche sich symbolisch im Adhar-Lotus schlafend befindet, durch die Apana-Vayu (mit Hilfe der vier Tattwas) erwecken. Dies ist Shakti-Chalan-Mudra, der Geber aller Kräfte.

77. Wer täglich diese Shakti-Chalan übt, bekommt Zuwachs von Lebenskraft und zerstört alle Krankheiten.

78. Die göttlichen Eigenschaften im Yogi erweckend, wird durch die Schlange der Weisheit (d. h. die Kundalini) des meditierenden Yogi hervorgerufen und er wird deshalb in Samadhi eintauchen; daher lass den Yogi den Wunsch über Selbstbeherrschung ausüben.

79. Er, der immer am besten Shakti-Chalan nach den Anweisungen seines Gurus übt, erhält der Vigraha-Siddhi, das sind die Kräfte der gottverbundenen Seele, und hat vor dem Tod keine Angst mehr, da er als Gottheit die astrale Unsterblichkeit erlangt hat.

80. Er, der die Shakti-Chalan für zwei Sekunden richtig praktiziert, und dies mit Sorgfalt, wird von Erfolg gekrönt. Diese Mudra sollte von dem Yogi in der richtigen Körperhaltung geübt werden.

81. Das sind die zehn Mudras, deren Gleichwertiges es nie gab und auch nie geben wird: Durch die Praxis von nur einer der zehn Mudras, wird der Chela (Schüler) zu einem Siddha (Gottverbundenen) und erhält Erfolg.

KAPITEL V.

1. Parvati: O Herr, o geliebter Shankar, nenn mir, im Interesse derer, deren Geist nach dem höchsten Ziel suchen, die Schwierigkeiten und die Hindernisse im Yoga.

2. Shiva: Höre, o Göttin! Ich werde dich über alle Hindernisse aufklären, die im Weg des Yoga stehen. Für das Erreichen der Befreiung sind die sinnlichen Genüsse die größten aller Hindernisse.

Bhoga (Genuss)

3. Alles einseitige wie Frauen, Betten, Sitze, Kleider und Reichtum sind Hindernisse für den Yoga. Betel, zierliches Geschirr, Kutschen, Königreiche, Überheblichkeit und Kräfte, Gold, Silber, sowie Kupfer, Edelsteine, Aloe-Holz und Kühe, das einseitige Lernen der Veden und Shastras, Tanz, Gesang und Ornamente, Harfe, Flöte und Trommel; reiten auf Elefanten und Pferden, Frauen und Kinder, weltliche Freuden; all das sind so viele Probleme. Dies sind die Hindernisse, die aus dem Genuss entstehen. Höre jetzt die Hindernisse, die aus der rituellen Religion entstehen.

Dharma (Ritualismus der Religion)

4. Im Folgenden sind die einseitigen Hindernisse aufgelistet, die die extreme Ausübung von Dharma hervorruft: Waschungen, Anbetung von Gottheiten, die Beobachtung der heiligen Tage des Mondes, Feueropfer, sehnen nach Moksha (Befreiung), Gelübde und Buße, Fasten, religiöse Bräuche, Stille, die asketischen Praktiken, Kontemplation und die Gegenstände der Betrachtung, Mantras und Almosengeben, Weltruhm, ausschlachten und verleihen der Speicher, Brunnen, Teiche, Klöster und Haine: Opfer, Gelübde des Hungers, Chandrayana (Fasten) und Wallfahrten.

Jnana (Wissens-Hindernisse)

5. Ich werde jetzt beschreiben, O Parvati, die einseitigen Hindernisse, die aus dem Wissen entstehen. Sitzen in der Haltung namens „Gomukh" und extreme Waschungen des Darms im Hatha-Yoga, genannt „Dhauti";

Kenntnis der Verteilung der Nadis (die Kanäle des elektro-magnetischen Systems im menschlichen Körper), lernen von Pratyahara (Unterwerfung der Sinne durch Konzentrationsübungen), der Versuch, sich Kundalini-Kraft anzueignen durch einseitiges, schnelles Bewegen des Bauches (ein falsch beschriebener Prozess des Hatha-Yogas), extreme Formen der Hervorrufung der Indriyas (der inneren Hell-)Sinne, und die Kenntnis der Wirkung der Nadis; das sind die Hindernisse des Wissens. Nun zu den falschen Vorstellungen von der Ernährung, O Parvati.

6. Dass Samadhi (göttliche Trance) auf einmal durch das Trinken bestimmte chemische Essenzen und durch den Verzehr von bestimmten Arten von Lebensmitteln eintreten kann, ist ein Fehler! Jetzt höre über die falsche Vorstellung von dem Einfluss der Gesellschaft.

7. „Bleib in der Gesellschaft der Tugendhaften, und vermeide die Bösartigen (ist eine falsche Vorstellung) und Messung der Schwere und der Leichtigkeit der „beseelten" ausgeatmeten Luft (ist eine falsche Idee), wenn man darüber stundenlang und irrsinnig nachdenkt.

8. Brahman ist im Körper oder Er ist der Schöpfer von Form oder Er hat eine Form, oder Er hat keine Form, oder Er ist alles – all diese tröstenden Lehrmeinungen sind Hindernisse. Solche Begriffe sind Hindernisse in Form von Jnana (Wissen), denn nur die Yoga-Praxis gibt dir Aufschluss über die Wahrheit!

Vier Arten von Yoga

9. Der Yoga ist von vier (tattwischen) Arten geprägt: Erstens Mantra-Yoga, zweitens Hatha-Yoga, drittens Laya-Yoga, viertens Raja-Yoga, welches die Dualität verwirft.

Sadhaks (Aspiranten)

10. Wisse, dass es vier Ordnungen (Temperamente) von Schülern gibt: Lau (Phlegmatisch), mittel (Melancholisch), glühend (Sanguinisch) und die eifrigsten (Cholerisch) – die Besten (Ausgeglichenen) können die Schwelle ins Astralreich überqueren.

(Lau), für Mantra-Yoga geeignet

11. Männer von kleiner Initiative, ignorant, kränklich und welche Fehler

bei den Lehrern suchen, habgierig, sündige Feinschmecker, helfen den Frauen nicht; wankelmütig, ängstlich, krank, nicht unabhängig, grausam; diejenigen, deren Charakter schlecht ist und die schwach sind – alles oben Erwähnte kann man als einfache (niedere) Sadhaka bezeichnen. Mit großen Anstrengungen werden diese Leute erst nach zwölf Jahren erfolgreich sein; sie sollten sich passende Lehrer für Mantra-Yoga suchen.

(Mittel), für Laya-Yoga geeignet

12. Großzügig gesonnen, barmherzig, tugendhaft, süß in ihrer Rede, die es nie in einem Unternehmen übertreiben – das sind die mittelmäßigen. Diese werden durch den Lehrer in Laya-Yoga eingeweiht.

(Glühend), für Hatha Yoga geeignet

13. Vorsichtig gesonnen, kennen das Laya-Yoga-System, unabhängig, voller Energie, großherzig, voller Mitgefühl, nachsichtig, ehrlich, mutig, voller Glauben, Verehrer der Lotus-Füße ihres Gurus, sind immer in der Praxis des Yoga engagiert. Sie erlangen nach sechs Jahren Erfolg in der Praxis des Yoga und sollen im Hatha-Yoga und deren Praktiken eingeweiht werden.

(Die Eifrigsten), welche für alle Yoga-Wege geeignet sind

14. Diejenigen, die die größte Menge an Energie haben, sind unter-nehmungslustig, engagiert, heroisch, kennen die Shastras (Schriften), ausdauernd, frei von den Wirkungen der blinden Emotionen und, nicht leicht zu verwirren; die in der Blüte ihres Lebens sind, mäßig in ihrer Ernährung, Herrscher ihrer Sinne, furchtlos, sauber, geschickt, karitativ, eine Hilfe für alle; kompetent, fest, talentiert, zufrieden, nachsichtig, gutmütig, religiös, die ihre Bemühungen geheim zu halten pflegen, süße Rede, friedlich, die den Glauben an Schriften haben und Anbeter Gottes und des Gurus sind, abgeneigt, ihre Zeit in sinnloser Gesellschaft zu verplempern, und sind frei von jeder schweren Krankheit, die vertraut sind mit den Aufgaben des Adhimatra (Gewaltlosigkeit) und sind die wahren Schüler aller Arten von Yoga – zweifellos erhalten sie nach drei Jahren Erfolg und sie sind berechtigt, ohne Zweifel, in allen Arten von Yoga initiiert zu werden.

15. Das Hervorrufen von Pratika (Schatten) lässt den Schüler alles Sichtbare und Unsichtbare sehen, wodurch er edle Dinge erblicken kann, welche sein Wissen und seine Weisheit erhöhen.

16. Betrachte in einem sonnenklaren Himmel mit einem konzentrierten Blick deine eigene imaginative Spiegelung; wann immer dies auch nur für eine einzelne Sekunde im Himmel gesehen werden kann, wirst du unmittelbar göttliche Sphären erschauen und betreten.

17. Er, der täglich seinen „Schatten im Himmel" sieht, verlängert seine Jahre auf Erden und wird niemals einen Unfalltod sterben.

18. Wenn der Schatten im Bereich des Himmels gespiegelt zu sehen ist, so erhält er den Sieg und erobert den Vayu (die Astralebene, denn die Farbe der Luft (blaues Vayu) gleicht der Farbe dieser Sphäre!); dadurch kann er überall „hingehen", wo er will.

Wie er zu erwecken ist

18b. Zur Zeit der aufgehenden Sonne oder bei Mond (des Nachts), lass ihn konzentriert seinen Blick auf das „Genick" (Todes-Chakra, symbolisiert die beim Austritt auftretende Panik!) des Schatten werfen; dann, nach einiger Zeit, lass ihn in den Himmel schauen; falls er einen vollständigen grauen Schatten im Himmel sieht, ist das günstig.

19. Er, der dies immer übt und den Paramatma kennt (und sich mit ihm verbinden kann), wird vollständig glücklich, durch die „göttliche Anmut" seines Schattens, denn nur dadurch ist eine Astralreise möglich!

20. Zur Zeit der beginnenden Reise, Ehe oder einer verheißungsvollen Arbeit, oder wenn Schwierigkeiten auftreten, ist diese Übung von großem Nutzen. Diese Anrufung des Schatten (Astralkörper) zerstört Sünden und erhöht die Tugend.

21. Durch andauerndes Üben, beginnt er schließlich ihn in seinem Herzen (Akashamittelpunkt bzw. in der Astralebene) zu sehen, und der beharrliche Yogi bekommt Befreiung.

Raj Yoga

22. Lass ihm die Ohren mit den Daumen schließen, die Augen mit den Zeigefingern, die Nasenlöcher mit den Mittelfingern und mit den vier

verbleibenden Fingern lass ihn die oberen und unteren Lippen zusammen drücken. Der Yogi, indem er damit die Luft entschieden beengte, sieht seine Seele in Form von Licht.

23. Wenn man dieses Licht ohne Behinderung (Leidenschaften usw.) auch nur für einen Moment sieht, wird man frei von Sünde sein und erreicht das höchste Ziel.

24. Der Yogi, frei von Sünde, ständig dies praktizierend, vergisst seinen physischen, astralen und mentalen Körper, und wird eins mit der „Welten-Seele" bzw. kann die Übung des Versenkens ins Akasha bewerkstelligen.

25. Er, der dies in der Geheimhaltung praktiziert, wird in dem Brahman (=Akasha) absorbiert, auch wenn er mit sündhaften Werken beschäftigt ist.

26. Dies sollte geheim gehalten werden, denn es ruft auf der Stelle die Überzeugung hervor, dass es ein Nirvana (einen Zustand in der Mental-Ebene) für die Menschheit gibt. Dies ist Mein geliebtes Yoga. Mit der Zeit beginnt der Yogi vom Üben die mystische Klänge „Nadas" (Klang der Schöpferworte) zu hören.

Der Anahad Ton

27. Der **erste** Ton ist wie das Summen der von Honig berauschten Biene, dann der einer Flöte, dann einer Harfe; nach diesem, durch schrittweise Yoga-Praxis, dem Zerstörer der Dunkelheit der Welt, hört er den **vierten** Ton der Glocken – dann klingt es wie Gebrüll des Donners. Wenn man seine volle Konzentration auf diesen tantrischen Ton legt, ihn richtig „ausspricht", wird man frei von Angst und er erlangt völlige Verzückung, o Meine Geliebte!

28. Wenn der Geist des Yogi in diesen „Ton" überaus vertieft ist, vergisst er alle äußeren Dinge, er ist völlig im „Ton aufgegangen".

29. Durch die Praxis von Yoga erobert er alle drei Eigenschaften (d. h. guten, schlechten und gleichgültigen, sowie er Herr der drei Welten und Zeiten wird) und ist frei von allen Zuständen; so ist er in Chidakas, dem Äther der göttlichen Intelligenz, aufgegangen.

Ein Geheimnis

30. Es gibt keine Körperhaltung wie die Siddhasana, keine Kraft-ansammlung wie die von Kumbha, keine Mudra wie der Khechari und keine Versenkung wie die von Nada (in den mystischen Klang).

31. Jetzt werde Ich dir beschreiben, oh Geliebte Shakti, den Vorgeschmack der Erlösung, wissend, durch welche sogar der sündigste Schüler Heil erlangen kann.

32. Nachdem der Herr, sein Gott, richtig angebetet und das Beste aus dem Yoga vollkommen ausgeführt wurde, und man sich sowohl in einen ruhigen und stabilen Zustand und Stellung versetzt hat, weih den weisen Yogi in diesem Yoga durch seinem verehrten Guru ein.

33. Nachdem er all sein Vieh und Eigentum an den Guru, der den Yoga kennt, gegeben hat, und nachdem er ihn sehr zufrieden gestellt hat, lass den weisen Mann diese Einweihung erlangen.

34. Nachdem er den Brahmanen (und Priester) zufrieden gestellt hat, indem er ihnen alle Arten von guten Dingen gegeben hat, lass den weisen Mann diesen verheißungsvollen Yoga in meinem Haus (d. h. dem Tempel des Shiva) mit der Reinheit seines Herzens (=Gleichgewicht!) zukommen.

35. Nachdem er durch das obige Verfahren auf alle seine bisherigen Körper (die Ergebnisse seines letzten Karmas) verzichtet hat, und seinen geistigen (oder erleuchtenden) Körper angenommen hat, lass den Yogi diese höchste Form des Yoga erlangen.

36. Sitzend in der Padmasana Körperhaltung, verzichtet er auf die Gesellschaft der Menschen, deswegen lass den Yogi die zwei Vijnana-Nadis (Kanäle oder Gefäße des Bewusstseins) mit seinen zwei Fingern „drücken", um rituelle Gesten zu formen.

37. Um den Erfolg in dieser Disziplin zu erlangen, wird er alles unbefleckte Glück erhalten, daher lass ihn mit all seiner Macht, um den Erfolg zu gewährleisten, seine Bemühungen verrichten.

38. Er, der dies immer praktiziert, erhält in kurzer Zeit Erfolg; er bekommt auch im Laufe der Zeit Vayu-Siddha.

39. Der Yogi, der es noch einmal tut, wahrlich, zerstört alle Sünden; und ohne Zweifel, die Vayus (göttlichen Eigenschaften) gelangen in den Mittelkanal der Susmuna, d. h. die Gottverbundenheit wird durch lange Meditation erreicht.

40. Der Yogi, der dies mit Ausdauer praktiziert, wird sogar von den Göttern „verehrt" (mit ihnen verbunden), er erhält die okkulten Fähigkeiten des Astralkörper (wie Hellsehen, Hellhören usw.), Laghima (Levitation) etc., und kann je nach Vergnügen überall (geistig) in den drei Welten hingehen.

41. Gemäß der Stärke der eigenen Praxis in der Herrschaft über die Vayus (Elemente), bekommt er das Sagen über seinen Körper; der Weise, im Geist verbleibende, genießt die Welt in seinem gegenwärtigen Körper.

42. Diese Form von Yoga ist ein großes Geheimnis, und kann nicht jedem gegeben werden; es kann nur einem offenbart werden, in dem alle Qualifikationen eines Yogi wahrgenommen werden.

Verschiedene Arten von Dharana

43. Lass den Yogi im Padmasana sitzen, und seine ganze Aufmerksamkeit auf den Hohlraum der Kehle (Vac, das Zentrum der göttlichen Sprache) richten; lass ihn seine Zunge an der Basis des Gaumens platzieren; dadurch wird er von Hunger und Durst befreit.

44. Unter dem Hohlraum der Kehle liegt eine schöne Nadi (Gefäß) bezeichnet als Kurma; wenn der Yogi seine Aufmerksamkeit auf sie richtet, erwirbt er große Konzentration in der schöpferischen Sprache (Tantra).

45. Wenn der Yogi ständig denkt, dass er ein drittes Auge, das Auge des Shiva hat, in der Mitte seiner Stirn, dann nimmt er ein glänzendes Feuer wie ein Blitz wahr. Durch die Betrachtung auf dieses Licht, alle Sünden werden zerstört und auch eine gottlose Person gelangt an das höchste Ziel.

46. Wenn der erfahrene Yogi an dieses (göttliche) Licht Tag und Nacht „denkt", sieht er die Siddhas (Adepten) und kann sich mit ihnen unterhalten.

47. Er, der auf Sunya (Leere, Vakuum oder Raum) sich konzentriert, beim Gehen oder Stehen, Träumen oder Wachen, wird ganz ätherisch, und ist im inneren Akasha aufgegangen.

48. Der Yogi, begierig auf Erfolg, sollte immer dieses Wissen bewahren; durch gewohnheitsmäßige Übung wird er so wie Ich, Shiva; durch die Kraft des Wissens, wird er der Geliebte von Allem.

49. Nach der Eroberung aller vier Elemente und der Kenntnis der Nichtigkeit aller irdischen Hoffnungen und weltlichen Verbindungen, wenn der Yogi im Padmasana sitzt, fixiert er seinen Blick auf die Nasenspitze, – versucht sich selber „imaginativ zu sehen" – sein Geist stirbt sozusagen im Körper –, und er erhält die geistige Macht genannt Khechari, die Fähigkeit des mentalen Wanderns.

50. Der große Yogi erblickt Licht, rein wie der heilige Berg (Kailash) und durch die innere Kraft seiner Übung, wird er der Herr und Hüter des Lichts.

51. Ausgedehnt auf den Boden, lass ihn dieses Licht betrachten; dabei wird all seine Schwäche und Müdigkeit zerstört. Durch die Betrachtung auf den hinteren Teil des Kopfes (=Unterbewusstseins) wird er der Sieger über das analoge Jenseits.

52. Von den vier Arten von Lebensmitteln (also das, was gekaut wird, das, was gesaugt wird, das, was geleckt wird, und das, was getrunken wird), welche ein Mensch zu sich nimmt, wird die „Milch" in drei Teile umgewandelt. Der beste Teil (oder der feinste Auszug aus dem Essen) ernährt den Linga Sharira oder feinstofflichen Körper (der Sitz der Kräfte). Der zweite oder mittlere Teil ernährt den groben Körper, welcher aus sieben Dhatus (Säften) zusammengesetzt ist.

53. Der dritte oder der untere Teil verlässt den Körper in Form von Kot und Urin. Die ersten beiden Essenzen von Lebensmitteln befinden sich in den Nadis (Kanäle/Gefäße) und werden von ihnen befördert; sie nähren den Körper von Kopf bis Fuß.

54. Wenn die Vayu (Kräfte) durch alle Nadis bewegt werden, dann, aufgrund dieser Vayu, erhalten die Fluide des Körpers außergewöhnliche Kräfte und Energien.

55. Die wichtigsten dieser vierzehn Nadis sind in verschiedene Teile des Körpers verteilt und führen verschiedene Funktionen aus. Sie sind entweder schwach oder stark, und die Prana (Lebenskraft) durchströmt sie.

Die sechs Chakren
1. Muladhar Chakra

56. Zwei Finger über dem Rektum (Enddarm) und zwei Finger unter dem Linga (Phallus), vier Finger in der Breite, existiert ein Raum wie eine knollige „Wurzel".

57. In diesem Raum ist die „Yoni" (Vulva) mit ihrem Gesicht nach hinten gerichtet; dieser Raum wird die „Wurzel" genannt; dort wohnt die Göttin Kundalini. Sie umgibt all die „Nadis" und hat drei und eine halbe Windung; mit ihrem Mund beißt sie sich in ihren eigenen Schwanz und sie ruht in der Öffnung der Sushumna.

58. Sie schläft dort wie eine Schlange und durch ihr eigenes Licht ist es an jenem Ort hell erleuchtet. Wie eine Schlange lebt sie zwischen den „Fugen"; sie ist die Göttin der Rede (Tantra-Vach), und heißt Vija (Samen), symbolisierend die ursprüngliche Schöpferkraft.

59. Voller Energie, und wie brennendes Gold, weiß diese Kundalini, dass sie die Macht (Shakti) des Vishnu ist; sie ist die Mutter der drei Qualitäten (A-Sch-M) – Sattwa (Rhythmus/Ausgleich), Rajas (Aktivität) und Tamas (Passivität).

60. Dort, schön wie die Bandhuk-Blume, ist der Samen der Liebe in die

Erd-Tantra-Formel „Lam" gelegt; er ist glänzend wie poliertes Gold, und wird im Yoga als ewig beschrieben.

61. Die Sushumna umarmt sie auch, und der schöne schöpferische Same ist dort; an jenem Ort ruht sie glänzend wie der herbstliche Mond, mit der Leuchtkraft von Millionen von Sonnen und der Kühle von Millionen von Monden. Die Göttin Tripura Bhairavi hat diese drei (Feuer, Sonne und Mond – „Feuer", Elektrizität und Magnetismus) zusammengenommen, welche „Vija" genannt wird. Sie wird auch als die große Energie bezeichnet, da mit ihrer Hilfe die Welt erschaffen wurde.

62. Sie (Vija) ist ausgestattet mit der Macht der Handlung (Bewegung – Plus) und Empfindung (Minus), und zirkuliert durch den ganzen Körper. Sie ist subtil, und hat eine Feuerflamme; manchmal lodert sie hoch, und zu anderen Zeiten fällt sie nieder ins Wasser. Dies ist die große Energie, die im Perineum (Damm) ruht, und wird als Swayambhu-Linga (der Selbst-geborene) bezeichnet.

63. All dies wird als Adhar-Padma (der Träger-Lotus) bezeichnet, und die **vier** Blütenblätter davon sind mit den tantrischen Buchstaben v, d, s, s versehen.

64. In der Nähe des Swayambhu-Linga ist eine goldene Region namens Kula (Familie), dessen vorsitzender Adept als Dviranda bezeichnet und dessen vorsitzende Göttin Dakini genannt wird. In der Mitte dieses Lotus befindet sich die Yoni, wo die Kundalini weilt; über diesem liegt die zirkulierend helle Energie, welche Kama-Vija (der göttliche „Same" der Liebe) heißt. Der weise Yogi, der sich immer auf dieses Muladhar konzentriert, erhält Darduri-Siddhi (die Frosch-Sprungkraft); und nach und nach kann er den Boden ganz verlassen, d. h. er kann sich über die **Materie** erheben.

65. Der Glanz des Körpers wird erhöht, das Magen-Feuer wird mächtiger, und Gesundheit, Klugheit und Allwissenheit folgen.

66. Er weiß, was gewesen ist, was passieren wird, und was im Moment zusammen mit ihren Ursachen geschieht; er beherrscht die „ungehörten okkulten" Wissenschaften samt ihren Geheimnissen.

67. Auf der Zunge tanzt immer die Göttin des Wissens; von ihr erhält er Mantra-Siddhi, d. h. Erfolg im wahren vierpoligen Aussprechen der „Mantras" bzw. Tantras, was nur durch die ständige Meditation über diesen Lotus erreicht wird.

68. Der weise Guru sagt: „Sie zerstört Alter, Tod und unzählige Probleme." Der Praktiker von Pranayama sollte immer über das Chakra meditieren;

durch seine Kontemplation wird der große Yogi von allen Sünden befreit.

69. Wenn der Yogi diesen Muladhar-Lotus aufmerksam betrachtet – das Swayambhu-Linga – dann, zweifellos, im wahren Moment, alle seine Sünden werden zerstört.

70. Was auch immer der Geist wünscht, bekommt er; durch ständiges Üben sieht er seine Gottheit, die das Heil gibt, die der Beste innen und außen ist, und die mit großer Sorgfalt angebetet und verehrt werden muss. Denn Besseres als die **Gottheit** gib es nicht.

71. Der, der Shiva verlässt, der im Inneren ist, verehrt äußere Formen; er ist wie einer, der Süßes wegwirft und sich auf die Suche nach Nahrung begibt.

72. Einer der täglich meditiert, ohne Nachlässigkeit, über seinen, im inneren befindlichen Swayambhu-Linga, und der nicht daran zweifelt, wird durch die Übung alle Kräfte der vierpoligen Gottverbundenheit erlangen.

73. Mit ständiger Übung bekommt er in sechs Monaten Erfolg, und zweifellos wird seine Vayu in den mittleren Kanal (die Sushumna) eintreten, d. h. dass der Chela die Verbundenheit mit den 4 Vayus (Elementen) im Akasha (seiner Gottheit) verwirklichen kann.

74. Er erobert den Geist und kann dadurch seinen Atem und seinen „Samen" (Leidenschaften) beherrschen; dann bekommt er den Erfolg ebenso im Diesseits wie im Jenseits – ohne geringsten Zweifel.

2. Swadhisthan Chakra (Prostata-Plexus)

75. Das zweite Chakra liegt an der Basis des Phallus. Es hat sechs durch Buchstaben bezeichnete Blütenblätter – b, bh, m, y, r, l. Ihr Stiel nennt sich Swadhisthan; die Farbe des Lotus ist blutrot, ihr vorsitzender Adept heißt Bala, und seine Göttin, Rakini.

76. Er, der täglich auf diesen Swadhisthan-Lotus meditiert, wird zum Gegenstand der Liebe (Apas-Tattwa) und der Anbetung aller schönen Göttinnen.

77. Furchtlos rezitiert er die verschiedenen Shastras und Wissenschaften, die ihm davor unbekannt waren; frei wird er von allen Krankheiten und bewegt sich furchtlos im ganzen Universum.

78. Er „frisst" den Tod, der von keinem gegessen wird; er erlangt die höchsten psychischen Kräfte wie Anima (Hellsehen usw.), Laghima (Levitation) usw. Die Vayus (Kräfte) bewegen sich gleichmäßig im ganzen Körper; die Säfte (Fluide) seines Körpers, so wie das erstrahlende Ambrosia aus dem ätherischen Lotus, erhöhen ihn.

3. Manipur-Chakra

79. Das dritte Chakra, genannt Manipur, liegt in der Nähe des Nabels; es ist von goldener Farbe, mit zehn Blütenblättern, welche durch die Buchstaben d, dh , n, t, th, d, dh, n, p, ph benannt werden.

80. Sein vorsitzender Meister wird als Rudra, der Geber aller verheißungsvollen Dinge, benannt und die Göttin des vorsitzenden Ortes ist die heiligste Lakini.

81. Wenn der Yogi diesen Manipur-Lotus mit höchster Aufmerksamkeit betrachtet, bekommt er die Macht namens Patal-Siddhi – der Geber des konstanten Glück; er wird Herr der Wünsche und des Feuer-Tattwas, Sorgen und Krankheiten werden zerstört; er besiegt den Tod und kann jeden anderen Körper in Besitz nehmen.

82. Er kann auf alchemistische Art und Weise Gold, Diamanten etc. herstellen, findet hellsichtig alle wahren Adepten, entdeckt Medikamente für Krankheiten, und sieht versteckte Schätze – alles analoge Dinge des Tejas-Tattwas!

4. Anahat-Chakra

83. Im Herzen ist das vierte Chakra, das Anahat. Es hat zwölf Blätter mit den Buchstaben k, kh, g, gh, n, ch, chh, j, jh, ň, t, th. Seine Farbe ist tief blutrot, hat die Tantra-Formel des Luft-Elementes „Yam" und ist ein sehr angenehmer Ort.

84. In diesem Lotus gibt es eine Flamme, genannt Vanlinga; durch deren Betrachtung kann er die unsichtbaren und sichtbaren Objekte des Universums erblicken.

85. Sein vorsitzender Meister ist Pinaki und die Kakini ist seine Göttin. Wer immer über den Lotus im Herzen meditiert, wird von den himmlischen Jungfrauen erwartungsvoll ersehnt und erlangt Samadhi im Vayu-Tattwa.

86. Er bekommt unermessliches Wissen und Weisheit, kennt die Vergangenheit, Zukunft und Gegenwart, kann Hellhören und kann sich in die Luft erheben, wann immer er will.

87. Er sieht die Adepten und die bekannte Göttin Yogini; erhält die Kraft bekannt als Khechari und erobert alle Wesen (Engel und Dämonen), die sich in der Luft bewegen.

88. Er, der täglich über den versteckten Banalinga meditiert, erhält zweifellos die psychischen Kräfte genannt Khechari (sich in die Luft

erheben) und Bhuchari (einer, der mit Hilfe seines geschulten Willens die ganze Welt begehen kann).

89. Ich kann die vollständige Bedeutung dieser Meditation über den Vayu-Lotus nicht beschreiben; selbst die Götter wie Brahma etc., halten die Methode seiner Kontemplation geheim.

5. Vishuddha-Chakra

90. Dieses Chakra liegt in der Kehle, ist das fünfte, und wird als Vishuddha-Lotus bezeichnet. Seine Farbe ist glänzend wie Gold, und es ist mit sechzehn Blütenblättern geschmückt, welche den Sitz der tönenden Vokale bilden (d. h. die sechzehn Blütenblätter sind besetzt von den sechzehn Vokalen, bezeichnet als a, a, i, i, u, u, ri, ri, lri, lri, e, ai, o, au, am, ah). Sein Meister-Vorsitz wird Chhagalanda genannt, und seine vorsitzende Göttin heißt Sakini.

91. Er, der immer darüber nachdenkt, ist wirklich der Herr der Yogis, und verdient es, weise genannt zu werden; durch die Meditation über den Vishuddha-Lotus versteht der Yogi auf einmal die „vier Veden" mit ihren Geheimnissen und ist der tantrischen Sprache mächtig.

92. Wenn der Yogi seinen Geist auf diesen geheimen Ort fixiert, fühlt er sich schöpferisch mächtig; dann fangen zweifellos alle drei Welten an zu zittern.

93. Selbst wenn durch „Zufall" der Geist des Yogi in diesem Ort „aufgenommen" wurde, dann wird ihm die Außenwelt zweitrangig und er genießt die wahren Freuden der inneren Welt.

94. Sein Körper wird nie schwach, und er behält seine volle Kraft für tausend Jahre und er wird unnachgiebig härter.

95. Wenn der Yogi diese Kontemplation beendet hat, dann werden ihm 1000 Jahre in dieser Welt als ein Augenblick erscheinen.

6. Ajna Chakra

96. Das zwei-blättrige Chakra, Ajna genannt, liegt zwischen den beiden Augenbrauen und hat die Buchstaben h und ksh, dessen vorsitzender Meister als Shukla Mahakala (die Weiße Große Zeit) bezeichnet wird, dessen Vorsitz die Göttin Hakini hat.

97. Innerhalb dieses Blütenblattes, ist die ewige Bija (die Tantra-Silbe „tham"), glänzend wie der herbstliche Mond. Der weise Einsiedler ist von

diesem Wissen nie getrennt gewesen.

98. Das ist das große Licht, welches als Geheimnis in allen Tantra-Schriften bewahrt wurde; durch die meditative Betrachtung auf dieses, erhält der Yogi den höchsten Erfolg; hierin gibt es keinen Zweifel.

99. Ich bin der Spender des Heils, Ich bin der dritte Linga in der Turiya (ein Zustand der Ekstase bzw. die 4. Umdrehung der Gottverbundenheit; auch der Name des tausendblättrigen Lotos). Durch die Betrachtung auf Meine Form, wird der Yogi sicherlich wie Ich.

100. Die beiden Kanäle namens Ida und Pingala gleichen den zwei reellen Flüssen Varana und Asi. Der Ort zwischen ihnen wird Varanasi (oder Benares, die heilige Stadt Shivas) genannt. Es wird gesagt, dass der Vishwanatha (der Herr der Universum) dort wohnt.

101. Die Bedeutung dieses heiligen Ortes wurde in vielen Schriften durch die Wahrheit erkennenden Gelehrten ausgesprochen. Über sein großes Geheimnis wurde sehr viel berichtet.

7. Der tausend-blättrige Lotos

102. Die Sushumna geht entlang des Rückenmarks bis zu dem Ort, wo die Brahmarandhra (die Höhle von Brahma) gelegen ist. Von dort geht es durch eine bestimmte Biegung an die rechte Seite des Ajna-Lotus, von wo aus es zum linken Nasenloch übergeht, das sich Ganges nennt.

103. Die Lotosblume, die in der Brahmarandhra gelegen ist, wird als Sahasrara (die tausend-blättrige) bezeichnet. In der Mitte dieses Raumes wohnt der Mond. Von dem dreieckigen Platz verströmt sich ständig das Elixier. Dieses Mond-Fluid der Unsterblichkeit fließt unaufhörlich durch die Ida. Das Elixier fließt in einem Strom – einen kontinuierlichen Strom. Auf das linke Nasenloch zugehend, erhält es von den Yogis den Namen des heiligen Flusses „Ganges".

104. Von der rechten Seite des Ajna-Lotus geht es in das linke Nasenloch und fließt dort als Ida-Strom. Es wird hier als Varana (der nordwärts fließende Ganges) bezeichnet.

105. Lass den Yogi den Raum zwischen den beiden (Ida und Pingala – Minus und Plus) betrachten wie Varanasi (Benares). Die Pingala (elektrisches Fluid) kommt auch in gleicher Weise von dem linken Seitenabschnitt des Ajna-Lotus und geht zum rechten Nasenloch, und wurde von uns als Asi (Fluss) bezeichnet.

106. Die Lotosblume, die in dem Muladhar gelegen ist, hat vier

Blütenblätter. In dem Raum zwischen ihnen wohnt die Sonne.

107. Aus dieser Sphäre der Sonne strahlt kontinuierlich Gift. Durch übermäßiges Anheizen fließt das Gift durch die Pingala.

108. Das Gift (Sonnen-Fluid der Sterblichkeit), welche in einem kontinuierlichen Strom fließt, geht zum rechten Nasenloch, wie das Mond-Fluid der Unsterblichkeit nach links geht.

109. Aufsteigend von der linken Seite des Ajna-Lotus, geht es in das rechte Nasenloch; dieses nordwärts fließende Pingala wurde von den Alten Asi genannt.

110. Der zwei-blättrige Ajna-Lotus wurde damit beschrieben, wo der Gott Maheshwara wohnt. Die Yogis beschreiben noch drei weitere heilige Stadien über ihn. Sie heißen Vindu, Nada und Sakti und liegen im Lotus der Stirn.

111. Der, der immer in Betrachtung über den verdeckten Ajna-Lotus versunken ist, zerstört auf einmal jedes Karma seiner vergangenen Leben, ohne jeglichen Widerspruch.

112. An diesem Ort verbleibend, wenn der Yogi ständig darüber meditiert, dann erscheinen ihm alle Formen, Gottesdienste und Gebete als wertlos.

113. Die Yakshas (Naturgeister bzw. Elementare), Rakshashas (Dämonen), Gandharva (niedere Halbgötter), Apsaras (Geister des Wassers und der Luft) und Kinnaras (Mischwesen), alle dienen ihm zu seinen Füßen. Sie werden gehorsam seinem Befehl befolgen.

114. Durch „umwenden" der Zunge und legen derselben in den langen Hohlraum des Gaumens, lass den Yogi durch die „Sprache der Macht" alle Ängste zerstören. Alle seine Sünden, welche im Geist auch nur für eine Sekunde auftauchen, werden auf einmal zerstört.

115. Alle Früchte, die wie oben beschrieben aus der Betrachtung der fünf anderen Lotusblumen resultieren, werden durch die Kenntnis dieses einen Ajna-Lotus erlangt.

116. Der Weise, der ständig Betrachtung über diesen Ajna-Lotus praktiziert, wird frei von der mächtigen Kette der Wünsche, und genießt das Glück der drei Welten.

117. Wenn zum Zeitpunkt des Todes der Yogi über diesen Lotus meditiert und sein Leben verliert, wird der Heilige in Paramatma aufgehen.

118. Er, der dies betrachtet, stehend oder gehend, im Schlafen oder im Wachen, wird nicht von Sünden berührt, auch wenn es ihm möglich wäre, ein sündiges Werk zu tun.

119. Der Yogi wird frei durch seine eigene Anstrengung von der fesselnden

Kette. Die Bedeutung der Betrachtung des zwei-blättrigen Lotos kann nicht vollständig beschrieben werden. Selbst die Götter wie Brahma etc., haben nur einen Teil von seiner Pracht von Mir gelehrt bekommen.

120. Darüber, an der Basis des Gaumens, liegt der tausend-blättrige Lotos, in dem Teil, wo die Öffnung der Sushumna ist.

121. Von der Basis oder Wurzel des Gaumen erstreckt sich die Sushumna nach unten bis sie den Muladhar bzw. „Damm" erreicht: Alle Chakren umgeben sie oder werden von ihr unterstützt. Diese Nadis (Kanäle) sind die Samen der Geheimnisse oder die Quellen aller vier Grundsätze, welche einen Menschen ausmachen, und zeigen ihm den Weg zu Brahma (d. h. geben Heil und Erlösung).

122. Die Lotosblume, die an der „Wurzel des Gaumens" liegt, wird als Sahasrar (die tausend-blättrige) bezeichnet; in der Mitte, da gibt ist eine Yoni (Vulva oder Gefäß, welches den Sitz oder das Kraft-Zentrum darstellt), die ihr Gesicht nach unten zeigt.

123. Darin ist die Wurzel Sushumna, zusammen mit ihrer Höhle; das wird Brahmarandhra (die Höhle von Brahma) genannt, welche sich bis zum Muladhar-Padma erstreckt.

124. In dieser Höhle der Sushumna wohnt als seine innere Kraft die Kundalini. In der Sushumna gibt es auch einen konstanten Strom von Kraft, genannt Chitra (Nadi/Kanal), ihre Wirkungen oder Wandlungen werden Meines Erachtens nach als Brahmarandhra etc. bezeichnet.

125. Durch einfaches daran „Erinnern" erhält man das Wissen von Brahman, alle Sünden werden vernichtet, und man wird nie mehr als Mensch wiedergeboren, sondern als vollkommener Yogi!

126. Man schiebe den Daumen in den Mund. Dadurch wird die Luft (Prana), welche durch den Körper fließt, innegehalten.

127. Aufgrund dieser (Vayu = Kraft) muss der Mensch im Kreislauf des Universums wandern; die Yogis, folglich, die diesen Kreislauf durchbrechen wollen, werden von den an acht Knoten gebundenen Nadis daran gehindert; nur die Kundalini (die göttlichen Eigenschaften wie Allmacht usw.) kann diese „Knoten" durchbrechen und den Brahmarandhra verlassen, welcher den Weg zur Erlösung aufzeigt.

128. Wenn durch die Elementebeherrschung in allen „Gefäßen" (Symbol für die göttliche Energie) vollkommen erreicht wird, wird die „Kundalini" diese Knoten verlassen und zwingt sich seinen Weg aus der Brahmarandhra.

129. Dann fließt die Lebensluft kontinuierlich in die Sushumna. Auf der

rechten und der linken Seite des Muladhar liegt die Ida und die Pingala. Die Sushumna verläuft durch die Mitte.

130. Die Höhle der Sushumna, in der Sphäre des Adhar, heißt Brahmarandhra. Der Weise, der dies weiß, ist aus dem Kreislauf des Karmas befreit.

131. Alle diese drei Kanäle treffen sich an der Mündung des Brahmarandhra; durch „Baden" an dieser Stelle erhält man mit Sicherheit Erlösung.

Die heiligen drei Flüsse (Prayag)

132. Zwischen dem Ganges und Jamuna fließt die Saraswati: Durch Baden an ihrer Verbindungsstelle erhält der Glückliche die Erlösung.

133. Wir haben vorher gesagt, dass die Ida der Ganges und die Pingala die Tochter der Sonne (die Jamuna) ist; in der Mitte der Sushumna ist der Saraswati (Strom der Erkenntnis, „Sprache der Götter") der Ort, wo alle drei sich zu dem Einen Unbeschreiblichen verbinden.

134. Er, der ein „geistiges Bad" an der *Kreuzung* der Weißen (Ida) und Schwarzen (Pingala) ausübt, wird frei von allen Sünden, und erreicht den ewigen Brahma.

135. Er, der die Bestattungsriten seiner Vorfahren an der Kreuzung der drei Flüsse (Triveni) ausübt, erwirbt Rettung für seine Vorfahren und er selbst erreicht das höchste Ziel.

136. Wer täglich die dreifachen Aufgaben (d. h. die mentalen, astralen und die grobstofflichen) seiner geistigen Meditation auf diesem Platz ausübt, empfängt unvergänglichen Lohn.

137. Wer einmal in diesen heiligen Ort eintaucht, genießt himmlische Glückseligkeit; seine vielfältigen Sünden werden verbrannt; er wird ein Yogi mit reinem Sinn.

138. Ob rein oder unrein, in welchem Zustand man sich befindet, durch die ausgeübte Reinigung an diesem mystischen Ort, wird man zweifellos heilig.

139. Lass den Chela zum Zeitpunkt des Todes im Wasser des Triveni (die Dreiheit der Flüsse) baden: Er, der stirbt, denkend an dies, erreicht Erlösung hier und jetzt.

140. Es gibt kein größeres Geheimnis als das der drei Welten. Dies sollte mit größter Sorgfalt geheim gehalten werden. Es sollte nie aufgedeckt werden.

141. Wenn der Geist sich auch nur für eine halbe Sekunde auf die

Brahmarandhra konzentrieren kann, wird man frei von Sünden und erreicht das höchste Ziel.

142. Der heilige Yogi, dessen Geist in diesem absorbiert wird, wird in Mir aufgehen, nachdem er die Fähigkeiten Anima, Laghima usw. erlangt hat.

143. Der Mann, der vom Brahmarandhra weiß, wird mein Geliebter in dieser Welt; erobert er die Sünden, wird er zum Heil berechtigt; durch Verbreitung von Wissen rettet er Tausende von Menschen.

144. Der Vier-Gesichtige (der vierpolige Brahma) und die Götter können dieses Wissen kaum erhalten; es ist der wertvollste Schatz der Yogis; Dieses Geheimnis der Brahmarandhra sollte ein großes Geheimnis bleiben.

Der geheimnisvolle Mond

145. Ich habe vorher gesagt, dass es ein Kraft-Zentrum (Yoni – Vulva – Gefäß) in der Mitte des Sahasrara gibt; darunter befindet sich der Mond; lass die Weisen darüber meditative Betrachtung ausüben.

146. Durch die Betrachtung wird der Yogi „verzückt" in dieser Welt, und er wird von Göttern und Adepten respektiert.

147. Lass ihn in der Nebenhöhle der Stirn über den Ozean von Milch meditieren; lass ihn in diesem Ort über den Mond meditieren, der in der Sahasrara liegt.

148. In der Nebenhöhle der Stirn gibt es den nektarhaltigen Mond mit sechzehn Ziffern (Kalas, d. h. voll). Lass ihn über diesen Unbefleckten meditieren. Durch ständige Praxis sieht er ihn in drei Tagen. Durch bloßen Anblick vom Mond verbrennt der Übende alle seine Sünden.

149. Die Zukunft offenbart sich ihm, sein Geist wird rein, und obwohl er vielleicht die fünf großen Sünden begangen haben kann, durch einen Augenblick der Kontemplation zerstört er sie alle.

150. Alle Wirkungen der Himmelskörper (Planeten, Chakren wie die Tattwas etc.) werden vielversprechender, alle Gefahren werden zerstört, alle Unfälle werden abgewehrt, man kann Erfolg im Krieg erhalten, die Khechari- und die Bhuchari-Kräfte werden durch das Sehen des „Mondes" erworben, welcher sich im Kopf befindet. Durch die bloße Betrachtung auf sie alle werden diese Ergebnisse erzielt; da gibt es keinen Zweifel. Durch ständige Praxis des Yoga wird man wahrlich ein echter Adept. Wahrlich, wahrlich, es werden die meisten wahrlich Mir gleich. Die kontinuierliche Studie der Wissenschaft des Yoga gibt Erfolg den Yogis. Hier endet die Beschreibung des Ajnapura-Chakra.

Der mystische Berg Kailas

151. Darüber (d. h. über der Mondkugel) ist der glänzende tausend-blättrige Lotos. Er ist außerhalb des Mikrokosmos, des grobstofflichen Körpers; er ist der Spender des Heils.

152. Sein Name ist wahrlich der Berg Kailas, wo der große Herr (Shiva) wohnt, genannt Nakula, und wo es keine Zerstörung gibt und weder Zu- oder noch Abnahme.

153. Yogis, sobald sie diesen geheimen Ort entdecken, werden frei von Wiedergeburten in diesem Universum. Durch die Praxis dieses Yoga bekommen sie die Macht der Schöpfung oder Zerstörung – der Gesamtheit der vier Elemente.

154. Wenn der Geist ständig an diesem Ort konzentriert ist, welcher die Residenz des großen Schwans (= Brahma) ist und Kailas heißt, dann ist der Yogi frei von Krankheit und besiegt alle Unfälle, erwirbt ein hohes Alter und ist frei von Tod.

155. Wenn der Geist des Yogi in den Großen Gott namens Kula aufgegangen ist, dann ist die Fülle des Samadhi erreicht, d. h. alle Elemente wurden vergöttlicht und der Yogi bekommt Standhaftigkeit.

156. Durch ständige Meditation steht man über der materiellen Welt und durch die reinste Wahrheit erhält der Yogi wunderbare Kräfte.

157. Man lasse den Yogi ständig den Nektar trinken, der daraus fließt. Dadurch gibt der Yogi dem Tode sein Gesetz und überwindet das Kula (die vier Tattwas!). Hier wird die Kundalini-Kula Kraft absorbiert, nachdem die vierfache Schöpfung in Paramatman aufgegangen ist.

Der Raja Yoga

158. Mit diesem Wissen werden die Wechselwirkungen des Geistes aufgehoben, wie aktiv sie sein mögen; daher lass den Yogi unermüdlich und uneigennützig versuchen, dieses Wissen zu erlangen.

159. Wenn die elektromagnetischen Veränderungen des Denkprinzips aufgehoben werden, dann wird man sicherlich ein Yogi, denn der Yoga ist als unteilbare, heilige und reine Gnosis bekannt.

160. Lass ihn sein eigenes Spiegelbild im Himmel jenseits des „kosmischen Eis" betrachten; wie in der Weise zuvor beschrieben. Danach lass ihn über die „Großen Leere" (in dieser Sphäre) unaufhörlich nachdenken.

161. Die große Leere, dessen Anfang ist Leere, dessen Mitte ist Leere und

dessen Ende ist Leere, hat den Glanz von Zig-Millionen Sonnen und die Kühle von Zig-Millionen Monden. Durch ständige Betrachtung darüber erhält man Erfolg.

162. Lass ihn täglich diese Dhyana – dieses kleine Arkanum – mit Kraft praktizieren und er wird in einem Jahr zweifellos Erfolg erhalten.

163. Er, dessen Geist in diesem Ort einmal für eine Sekunde eingedrungen ist, wird sicherlich ein Yogi sowie ein guter „Anhänger", und wird in allen Welten geehrt.

164. All seine „Vorräte" an Sünden werden wahrlich auf einmal zerstört.

165. Weil Ich solch einen Yogi nie wieder zurück auf den Pfad der sterblichen Welt lasse, soll er deshalb diesen „Weg" durch die Swadhisthan mit großer Sorgfalt üben.

166. Ich kann die Größe dieser Kontemplation nicht in Worte fassen. Wer übt, weiß es. Er wird von MIR respektiert.

167. Durch Meditation erkennt er auf einmal die wunderbaren Wirkungen des Yoga (d. h. von der Vereinigung mit der Leere); die psychischen Kräfte, die sogenannte Anima (Hellsinne usw.) und Laghima (Levitation) usw. werden zweifellos erreicht.

168. So habe ich den Raja-Yoga-Weg beschrieben, welcher in allen Tantras geheim gehalten wird; jetzt werde ich dir kurz die Rajadhiraj-Yoga beschreiben.

Die Rajadhiraj-Yoga

169. Sitzend im Svastikasana, in einem wunderschönen Kloster, frei von allen Menschen und Tieren, nachdem er seinen Guru Respekt gezollt hat, lass den Yogi folgende „Betrachtung" praktizieren.

170. Wissend über die Argumente der Vedanta (heiligen Schriften), dass der Jiva (Geist) unabhängig und selbstständig ist, lass ihn seinen Geist ebenfalls durch dauernde Meditation die Selbstständigkeit erreichen.

171. Zweifellos ist bei dieser Betrachtung der größte Erfolg (Maha-Siddhi) zu erlangen, indem er seinen Geist „leer" macht; er selbst wird davon vollkommen erfüllt.

172. Wer dies immer übt, ist der wahre leidenschaftslose Yogi, er benutzt nie das Wort „Ich", sondern in ihm ist immer der reine Atman (Gottheit).

173. Was ist Knechtschaft? Was ist Befreiung? Für ihn ist immer alles dasselbe, ohne Zweifel; er, der dies immer praktiziert, ist die wirklich befreit.

174. Er wird zum Yogi und zum wahren Anhänger der Gottheit; er wird in

allen Welten angebetet, wenn er über Jivatma (persönliche Gottheit) und Paramatma (universeller Gott) nachdenkt, die so miteinander zusammenhängen wie „Ich" und „Bin"; wer auf „Mich" und „Dich" verzichtet und nachsinnt über den Unteilbaren, nimmt der aus der ganzen Verhaftung Befreite Schutz in dieser Kontemplation, in der, durch Kenntnisse der Überlagerung (Plus) und Ablehnung (Minus), alles wieder aufgelöst wird.

175. Verlassend den Brahma – der manifest ist, der Erkenntnis ist, die Glückseligkeit ist, und absolutes Bewusstsein ist –, die Getäuschten wandern umher, vergeblich über den Manifestierten (persönlichen) und den Unmanifestierten (universellen) zu diskutieren.

176. Er, der über dieses bewegliche und unbewegliche Universum meditiert, das in Wahrheit nicht manifest ist, aber verlässt den höchsten Brahma – der in jedem Augenblick offenbar ist –, ist wahrlich in diesem Universum aufgegangen.

177. Der Yogi, der frei von aller Anhaftung und konsequent im Einhalten dieser zur universellen Kenntnis führenden Praxis ist, bei ihm kann es nicht wieder zur Erhebung der Unwissenheit kommen.

178. Der Weise, der all seine Sinne von ihren Objekten zurückhält, und frei von allen begleitenden Begierden ist, bleibt in der Mitte der Wahrheit dieser Objekte, wie im *reinen* „Schlaf", sodass er die Gelüste nicht wahrnimmt.

179. Durch die ständig Übung wird die Erleuchtung manifestiert: Hier endet all der Unterricht eines „persönlichen Führers", (sie können den Schüler nicht weiterhelfen). Fortan muss er sich selbst helfen; sie können seine Vernunft oder Macht nicht mehr bereichern; von nun an muss er durch die bloße Kraft seiner eigenen Praxis Wissen und Weisheit gewinnen.

180. Die Gnosis, von der die Rede ist und den Geist entwirrt zurück bringen kann, ist nur durch die eigene Praxis erlangbar; erst dann bricht die reine Gnosis hervor.

181. Der Hatha-Yoga (das Körperliche) kann nicht ohne den Raja-Yoga (das Geistige) erlangt werden kann, noch kann der Raja-Yoga ohne den Hatha-Yoga erlangt werden. Daher wollen wir zuerst den Yogi die Hatha-Yoga-Anweisungen eines wahren Meisters lehren.

182. Er, obwohl im physischen Körper lebend und nicht Yoga praktizierend, lebt nur zum Wohle seiner sinnlichen Genüsse.

183. Vom Zeitpunkt seines Beginnens bis zum Zeitpunkt der vollkommenen Beherrschung, lass den Yogi mäßig essen und enthaltsam sein, sonst, ob klug oder nicht, kann er keinen Erfolg gewinnen.

184. In einer Versammlung sollte der weise Yogi Worte des höchsten Gutes äußern, sollte aber nicht viel reden; er sollte ein wenig essen, um seinen physischen Körper gesund zu erhalten; er soll auf törichte Gesellschaft von Männern verzichten; wahrlich, lass ihn auf alle egoistischen Unternehmen verzichten, sonst kann er nicht Mukti (Erlösung) erreichen; wahrlich, Ich sage euch die Wahrheit.

185. Lass ihn diese Praxis in der Geheimhaltung ausüben, frei von der Gesellschaft von Menschen, an einem ruhigen Ort. Dem Anschein nach sollte er in Gesellschaft bleiben, aber er sollte sie nicht in seinem Herzen haben. Er sollte nicht auf die Pflichten seines Berufs, Kaste oder Ranges verzichten, aber lass ihn diese lediglich als Instrument seines Herren ausführen, ohne einen Gedanken an den Vorgang zu haben. Indem er es so tut, gibt es keine Sünde.

186. Auch ein Hausinhaber (Grihastha) kann mit Bedachtsamkeit am Ausüben dieses Verfahrens Erfolg erzielen; es gibt keinen Zweifel daran.

187. Verbleibend in der Familie, immer die Aufgaben des Hausherrn erfüllend, ist er frei von Vor- und Nachteilen; und beherrscht er seine Sinne, erreicht er sein Heil. Als Hausbesitzer Yoga praktizierend, wird er nicht von Sünden berührt, wenn er seine Familie schützt; er begeht keine Sünde und wird nicht durch sie verunreinigt.

Das Mantra (Tantra) Om, Aim, Klim, Strim

188. Jetzt werde ich dir die besten Praktiken mitteilen und zwar die des Japa (das Sprechen) von Mantrams; von diesem gewinnt man in dieser materiellen wie in der geistigen Welt Glück.

189. Mit dem Wissen der höchsten Mantras (Tantras) erreicht der Yogi sicheren Erfolg (Siddhi): Das gibt dem gut konzentrierten Yogi alle Macht und Freude.

190. In dem *vierblättrigen* Muladhar-Lotos ist die Bija der Rede (Tantra-Formel) glänzend wie der Blitz (d. i. die Silbe „aim").

191. Im Herzen ist der Bija der Liebe, schön wie der Bandhuk-Blume („klim"). In dem Raum zwischen den beiden Augenbrauen (d. h. in der Ajna-Lotus) ist die Bija von Shakti („strim"), glänzend wie Millionen von Monde. Diese drei Samen-Tantras sollten geheim gehalten werden – sie geben geistigen Genuss und Selbstbestimmung. Lass den Yogi diese drei Mantras (d. h. Om, aim, klim und strim) vierpolig *(=vierblättrig!)* in der Gottverbundenheit wiederholen und versuchen den Erfolg zu erreichen.

192. Lass ihn dieses Mantra von seinem Guru lernen, welcher die wahre Einweihung erteilt; lass ihn sie weder zu schnell noch zu langsam wiederholen; den Geist muss er freihalten von allen Zweifeln und er muss das **Verständnis** der „mystischen Bedeutungen und Beziehungen" zwischen den Buchstaben des Mantra haben.

193. Der weise Yogi legt seine gesamte Aufmerksamkeit auf dieses Mantra, dabei alle Aufgaben seiner eigen Kaste ausführend, d. h. er sollte hunderttausend Homs (Brandopfer) durchzuführen und dann dieses Mantra dreihunderttausend Mal in der Gegenwart der Göttin Tripura wiederholen. (Wörtlich bedeutet Tripura „drei Städte", was ein Hinweis auf die Verbundenheit mit der Gottheit der drei Welten ist, welche wiederum auf **vier Säulen** – Brahma, Vishnu, Shiva und Ishvara – ruht!).

194. Am Ende dieser heiligen Wiederholung (Japa) lass den weisen Yogi erneut Hom (Brandopfer) in einer „dreieckigen Höhle" durchführen, mit den „vier Opfern" von Zucker, Milch, Butter und die Blume der Karari (Oleander).

195. Durch diese Leistung des Homa-Japa-Homa, die Göttin Tripura Bhairavi, die durch dieses Mantra besänftigt wurde, wird höchst erfreut sein und gewährt dem Yogi alle Wünsche.

196. Nachdem der Guru zufriedengestellt wurde und der Yogi dieses höchste Mantra in der „richtigen Art und Weise" empfangen hat und die Durchführung in der Weise festgelegt wurde, mit dem Geist höchst konzentriert zu sein, erreichen sogar die Chelas mit schwerst belasteten Karma Erfolg.

197. Der Yogi, der seine Sinne beherrscht, wiederholt das Mantra hunderttausend Mal (d. h. bis er es beherrscht, denn die Rakshas verhindern den Erfolg!) und gewinnt die Macht andere anzuziehen.

198. Durch Wiederholen von zwei „Lacs" (100.000) kann er alle Personen kontrollieren – sie kommen zu ihm, so freiwillig wie eine Frau eine Pilgerreise unternimmt. Sie geben ihm alles, was sie besitzen und bleiben immer unter seiner Kontrolle.

199. Durch Wiederholung dieses Mantra drei „Lacs", hat er alle Gottheiten in den niederen sowie in den hohen Sphären unter seine Herrschaft gebracht.

200. Durch Wiederholung dieses Mantra sechs „Lacs", wird er zum „Fahrzeug der Macht" – zum Beschützer der Welt – umgeben von seinen Dienern.

201. Durch Wiederholung dieses Mantra zwölf „Lacs", alle Herrn von

Yakshas (Naturgeister), Rakshas (Dämonen) und Nagas (Schlangen) gelangen unter seine Kontrolle; alle gehorchen ständig seinen Befehl.

202. Durch Wiederholung dieser fünfzehn „Lacs", die Siddhas (die Mächtigen), die Viddyadharas (Inhaber der Weisheit), Gandharvas (niedere Götter), die Apsaras (Geister des Wassers und der Luft) sind unter der Kontrolle des Yogi. Darin gibt es keinen Zweifel. Er erlangt sofort die Kenntnis aller „kosmischen Gesänge" und damit universelle All-Weisheit.

203. Durch Wiederholung dieser achtzehn „Lacs", kann er sich in seinem Körper vom Boden erheben; er erreicht wahrlich den „Lichtkörper"; er kann überall auf der ganzen Welt hingehen, wo er will, er sieht die Poren der Erde, das heißt, er sieht hellsichtig die Zwischenräume und die Moleküle des festen Materie.

204. Durch Wiederholung dieses Mantrams 28 „Lacs", wird er Herr der Viddyadharas und der weise Yogi wird Kamarupi (d. h. er kann davon ausgehen, dass jeder Wunsch ihm erfüllt wird). Durch Wiederholung von dreißig „Lacs" wird er gleich wie Brahma und Vishnu. Er wird ein Rudra bei sechzig „Lac" Wiederholungen; bei achtzig „Lac" Wiederholungen wird er zum „All-Schöpfer"; durch Wiederholung von zig Millionen mal, geht der große Yogi im Pram-Brahman auf. Solch ein Praktikant wird schwer in den drei Welten gefunden werden.

205. O Gottheit! Shiva, der Zerstörer der Tripura (dreier Städte), ist die erste und höchste Ursache aller Dinge. Der Weise, der ihn erreicht, der ist unveränderlich, unvergänglich, allbarmherzig, unermesslich und frei von allen Krankheiten – Shiva ist das höchste Ziel!

206. O große Gottheit! Diese universelle Wissenschaft von Shiva ist eine große Wissenschaft (Mahavidya) und sie wurde immer geheim gehalten. Daher ist diese Wissenschaft von Mir, Shiva, offenbart worden; der Weise sollte sie geheim halten.

207. Der Yogi, begierig auf Erfolg, sollte Hatha-Yoga als ein großes Geheimnis bewahren, denn die Stellungen weisen auf die ursprüngliche schöpferische Runen-Magie (=Tantra!) hin! Diese Übungen werden Erfolg bringen, wenn sie geheim gehalten werden; jedem offenbart, verlieren sie an Macht.

208. Der Weise, der diese Schrift täglich von Anfang an bis zum Ende liest, ohne Zweifel, erhält nach und nach Erfolg im Yoga. Der den Yoga täglich ehrt, erlangt Selbsterkenntnis.

209. Übergib diese Wissenschaft allen heiligen Männern, die Selbsterkenntnis wünschen. Durch die Praxis wird Erfolg erzielt, ohne diese, wie

kann man Wissen und Weisheit erlangen?

210. Daher sollte der Yogi nach den Yoga-Regeln die Praxis durchführen. Er, der mit dem zufrieden ist, was er bekommt, seine Sinne beherrscht, ein Hausvater, der nicht von seinen materiellen Aufgaben völlig eingenommen ist, erreicht sicher Selbstbefreiung durch die Praxis des Yoga.

211. Auch die höhergestellten Haus-Inhaber erhalten Erfolg im Japa, wenn sie die Aufgaben des Yoga richtig ausführen. Lass daher einen Haus-Inhaber auch den Yoga ausüben, denn sein Reichtum und seine Lebensbedingungen sollten keine Hindernisse darstellen.

212. Wohnend im Haus inmitten von Frau und Kindern, aber frei von irdischen Wünschen, verschwiegen Yoga praktizierend, erlangt sogar der Hausmann den Erfolg; langsam werden seine Bemühungen gekrönt und Meiner Lehre folgend, lebt er in Glückseligkeit.

Weitere Bücher aus dem Christof Uiberreiter Verlag:

Das goldene Blatt der Weisheit
Seila Orienta/Franz Bardon

Zum ersten Mal in der okkulten Literatur wird die 4. Tarotkarte des Hermes Trismegistos verständlich beschrieben und offengelegt. Sie beinhaltet unbekannte Konzentrations- und Meditationsübungen. Des Weiteren gibt sie Hinweise und erklärt die Unterschiede zwischen Magie und Mystik und Gefahren des einseitigen Weges. Am Ende steht die Verbindung mit der universellen Gottheit, dem Herrn der Sonnensphäre, welcher quabbalistisch „Metatron" genannt wird.

*

5. Tarotkarte – Mysterien des Steins der Weisen
Seila Orienta/Franz Bardon

Dieses Buch stellt die Vorderseite der Alchemie dar, die die einzelnen praktischen Übungsschritte erklärt, ohne die verschlüsselten Mystifikationen der alten Alchemisten auch nur annähernd zu erwähnen, wie man es aus den anderen Büchern des Franz Bardon kennt. Es wird erklärt, dass ohne vollkommene Beherrschung der 4 Elemente keine Alchemie möglich ist. Des Weiteren wird mit den einzelnen Ebenen, mit den Matrizen, dem elektromagnetischen Fluid usw. gearbeitet. Doch der Hauptpunkt stellen die göttlichen Eigenschaften wie z. B. die Allmacht dar, mit denen der Göttliche Stein der Weisen durch gewisse Übungen geladen wird.

*

Talismanologie und Mantramkunde
Seila Orienta/Franz Bardon

Zum ersten Mal werden hier (magisch) geladene Mantrams – Gebetssätze – preisgegeben, welche bei nötiger Reife, Ausgeglichenheit und Reinheit durchdringende Erfolge versprechen.

Mantrams sind ja nach Bardon nicht irgendwelche „Suggestions-sätze", sondern sie sind Ideenausdrücke, mit denen man mit Mächten, Kräften, Eigenschaften, also Gottheiten, in Verbindung kommen kann. Gleichzeitig werden die dazugehörigen Siegelzeichen der göttlichen Ideen preisgegeben, welche im rituellen Zusammen-hang mit den Mantrams stehen. Ein Buch, dass nicht nur die Hermetiker sondern auch die Anhänger der Yogawissenschaften inspirieren wird!

*

Eine Sammlung der schönsten und lehrreichsten Beschwörungsgeschichten
Hohenstätten

Dieses Buch ist einzigartig, denn es zeigt den zweiten Band von Franz Bardon an Hand von interessanten Evokationsberichten, die genau das bestätigen, was Bardon in seinem Buch geschrieben hat, und noch darüber hinaus. Es werden sensationelle Erlebnisse geschildert, die man sonst niemals findet. Auch aus unveröffent-lichten Schriften wird zitiert.

*

Verkörperungen des Meister Arion
Hohenstätten

Man wird beim Lesen dieses Buches nicht glauben, wie viele bekannte und unbekannte Inkarnationen Franz Bardon hatte. Die paar, die im „Frabato" bekannt gegeben wurden, stellen nur einen geringen Teil seiner Verkörperungen dar. Wir mussten, da es dermaßen wenig Literatur über die Verkörperungen gab, wieder hunderte und aberhunderte von Büchern, Aufsätzen, Zeitschriften und Artikeln durcharbeiten, bis wir genügend Material für dieses Buch hatten. Aber der Leser wird sich beim Lesen sicherlich über unsere Arbeit freuen, denn sie wird ihn in Erstaunen versetzen!

Shamballa, der goldene Tempel des Lichts
Hohenstätten

Dieser Tempel dürfte jeden Leser von Bardons Roman „Frabato" fasziniert haben. Dass es aber in der okkulten Literatur noch viel mehr Informationen darüber gibt, die man aber nur findet, wenn man alles Veröffentlichte gelesen hat, dürfte dem einen oder anderen unbekannt sein. Es wurden wieder ganze Stöße von Büchern durchgesehen und das Ergebnis wird hier veröffentlicht. Es wird aber gleichzeitig darauf hingewiesen, wie viel Schundliteratur es darüber gibt, wie viel Lügen im Umlauf sind, damit sich der Schüler der Hermetik ein klares Bild machen kann. Wir bringen in diesem Buch alles, was wir an Material darüber gefunden haben und es wird auch noch einiges aus der eigenen Erfahrung, was das Wertvollste ist, mitgeteilt. Nicht nur über den Tempel wird berichtet, sondern auch über die damit verbundene „Bruderschaft des Lichts", dessen Sitz er darstellt.

*

Auf der Suche nach Meister Arion
Hohenstätten

Diese Autobiographie eines Schüler der Hermetik des Franz Bardon schildert sein magische Leben, in welcher zahlreiche Erfahrungen zu den Übungen aus dem Adepten geschildert werden, die die Hauptperson selbst erlebt hat. Es wird der schwere Weg des Adepten aus autobiographischer Sicht gezeigt, seine vielen Tiefschläge, aber auch seine glanzvollen Seiten und Zeiten. Der harte Kampf mit dem Seelenspiegel wird bis in alle Einzelheiten aufgezeigt, genauso wie die vielen anderen Wege, in welche der Autor reinschnupperte um dadurch reichlich Erfahrung sammeln zu können. Darüber hinaus enthält es unzählige Erfahrungen und Berichte betreffs Mantramistik nach Bardon, die wahre Runenmagie, zahlreiche Evokationen sowie Invokationen mit seinem Lehrer Anion, einen magischen Exorzismus, wie er bisher noch nie öffentlich geschildert wurde.

Mentalreisen, Beeinflussungen, Übungen zur Gottverbundenheit, Erscheinungen, Alchemie, Heilungen mit den verschiedensten magischen Methoden z. B. Quabbalah oder durch die Elemente, Schutzgeistevokationen und viele andere magische „Wunder" seines Freundes und Lehrers Anion. Auch einige magische Fotos in Farbe, ein bisher von Bardon unveröffentlichtes Akashafoto von Christus und ein Bild des schwebenden Meister Arion werden in diesem Buch preisgegeben. Der Inhalt ist viel reichlicher, als hier kurz beschrieben werden kann.

*

Magisches Gleichgewicht
Hohenstätten

Dieses Buch zeigt eindeutig, dass in allen anderen Systemen das „Gleichgewicht" genauso gebraucht wird, wie bei Bardons Werken. Er war nicht der einzige, der das erwähnte, aber er war der erste, welche es deutlich erklärte, denn die anderen Systeme sprachen nur durch das Symbol, welches nicht jedem Leser verständlich war. Obendrein bringen wir noch unveröffentlichtes vom Meister Arion zu dieser Grundlage der magischen Entwicklung.

*

Das Leben und die Erfahrungen eines wahren Hermetikers
Seila Orienta

Diese Autobiographie eines Magiers ist unübertroffen, denn bis jetzt hat kein einziger, okkult Geschulter, so offen und ehrlich gesprochen wie Seila Orienta. Er gibt in diesem Werk sein Leben bekannt, sowie seine zahlreichen und äußerst interessanten Erlebnisse und Erfahrungen. Es werden auch zum ersten Mal Fotos von Wesen der Sphären gezeigt, welche Franz Bardon höchstpersönlich in den 20ern gemacht hat. Des Weiteren schreibt Seila Orienta über die Sphären, über Dämonen, Logenkontakte und vieles vieles mehr, was einem ehrlich strebenden Hermetiker das Herz übergehen lassen wird.

Das Leben des Franz Bardon
Hohenstätten

Dieses Buch beschreibt das Leben des Meisters außerhalb des Frabatos, welches seine Sekretärin – Otti V. – geschrieben hat. Es beinhaltet Erklärungen zu seiner „Biografie", weitere Einzelheiten über den Kampf mit der FOGC, seine Beziehung zu Wilhelm Quintscher und anderen Okkultisten, was alles bisher unbekannt war! Des Weiteren werden viele Erlebnisse seiner Schüler in Prag erzählt, verschiedene magische Leistungen und interessante Geschichten Bardons beschrieben, die bis dato unveröffentlicht sind. Es werden auch seine drei Lehrwerke und deren Wirkung auf die Öffentlichkeit von einem anderen, unbekannten Standpunkt geschildert, welcher durch bisher schwer zugänglichen Schriften unterstützt wird. Als Krönung wird seine aus dem tschechischen übersetzte „Runen-schrift" zum ersten Mal veröffentlicht. Auch einige Seiten aus anderen unveröffentlichten Schriften von ihm sowie interessante Fotos des Meister Bardon und seiner Freunde werden hier Preis gegeben und vieles, vieles mehr.

*

In Verbindung mit der Gottheit
Hohenstätten

Über das Thema der Gottverbundenheit mit all seinen Formen und Methoden wurde bis heute noch nie ein Buch verfasst geschweige denn eine Schrift geschrieben. Man findet in der okkulten wie in der östlichen Literatur nur spärliche Hinweise, die größtenteils verschlüsselt sind oder so geschrieben wurden, dass man sie kaum versteht. Im Gegensatz dazu wird in diesem Buch offen dargelegt, dass das 1. kleine Arkanum der 78 Tarotkarten die Gottverbundenheit in ihrer Reinform darstellt.

Hermetische Heilmethoden
Hohenstätten

Dieses Buch stellt in der okkulten Literatur ein absolutes Unikum dar, denn über die Gesamtheit der okkulten Heilmethoden wurde bis jetzt noch NIE etwas sinnvolles geschrieben. Es werden alle Heilmethoden erwähnt, die der hermetische Schüler mit Hilfe seiner bisher erlangten Konzentrationsfähigkeit ausüben und verwenden kann.

*

Erste hermetische Zeitschrift

„Der hermetische Bund teilt mit" ist eine der wenigen magisch-mystischen Zeitschriften, welche sich soweit als möglich auf die universelle Lehre von Franz Bardon bezieht. Sie versucht sich an die Gesetze des 4-poligen Magneten zu halten und vermittelt Wissen sowie Hinweise für die Praxis, damit der Leser die Möglichkeit hat, sie in seinen hermetischen Weg aufzunehmen und für sich gewinnbringend zu verarbeiten.

Noch viel mehr hermetische Literatur finden Sie auf unserer Website: http://www.hermetischer-bund.com.

Viel Vergnügen beim Stöbern!

Der Verlag

FSC
www.fsc.org

MIX

Papier aus ver-
antwortungsvollen
Quellen
Paper from
responsible sources

FSC® C105338